职业教育汽车专业新形态教材

U0587553

QICHE FADONGJI JISHU JICHU YU JINENG

# 汽车发动机技术基础与技能

总主编　余朝宽

主　编　高　亮　张光铃

副主编　熊陈军　刘林威　徐　刚

编　者　谢　坤　胡　萍　陈　焱　罗吉梁　黄成金

　　　　肖　芳　鄢真真　王和平

重庆大学出版社

**图书在版编目(CIP)数据**

汽车发动机技术基础与技能 / 高亮,张光铃主编.
--重庆:重庆大学出版社,2021.9
职业教育汽车专业新形态教材
ISBN 978-7-5689-2816-8

Ⅰ.①汽… Ⅱ.①高…②张… Ⅲ.①汽车—发动机
—高等职业教育—教材 Ⅳ.①U472.43

中国版本图书馆 CIP 数据核字(2021)第 181157 号

**汽车发动机技术基础与技能**

主编 高亮 张光铃
副主编 熊陈军 刘林威 徐刚
策划编辑:陈一柳

责任编辑:陈一柳 版式设计:陈一柳
责任校对:王倩 责任印制:赵晟

\*

重庆大学出版社出版发行
出版人:饶帮华
社址:重庆市沙坪坝区大学城西路 21 号
邮编:401331
电话:(023)88617190 88617185(中小学)
传真:(023)88617186 88617166
网址:http://www.cqup.com.cn
邮箱:fxk@ cqup.com.cn(营销中心)
全国新华书店经销
重庆市国丰印务有限责任公司印刷

\*

开本:787mm×1092mm 1/16 印张:8.25 字数:177千
2021 年 9 月第 1 版 2021 年 9 月第 1 次印刷
印数:1—3 000
ISBN 978-7-5689-2816-8 定价:37.00 元

# PREFACE 前 言

本书注重以就业为导向，以能力为本位，面向市场，面向社会，体现了现代职业教育的特色。本书根据交通运输行业国家职业技能标准、汽车维修工国家职业技能鉴定标准编写而成，以职业能力培养为主线，具体框架为"项目描述"—"项目内容"—"项目目标"—"知识储备"—"任务实施"—"评价与考核"—"实训报告单"—"作业"。

本书内容主要包括全书共分 6 个项目，包括：汽车维修中常用的工、量具，发动机气门组和气门传动组的拆装与检修，发动机气缸盖的拆装与检修，发动机活塞连杆组的拆装与检修，发动机气缸体的拆装与检修，发动机曲轴的拆装与检修。

本书在编写过程中，认真总结了多年来中等职业教育中汽车维修专业教学经验，吸收了国内外先进的教学模式和方法，主要具有以下特色：

1.培养目标是以汽车维修、装配企业关键技术操作岗位能力要求为核心，确定专业知识和能力培养目标，要求中职学生的实际现场操作能力达到中级技术工人水平。

2.采用了"项目教学—任务驱动"的编写形式，打破了传统教材的章节体系，充分体现专项能力的培养，适合于"理实一体化"的教学模式。

本系列书编写人员来自教学一线长期从事中等职业学校汽车维修专业教学教师，汽车制造行业、汽车维修行业的专业人员，他们具有丰富的教学实践经验。本书由余朝宽担任总主编，高亮、张光铃担任主编，熊陈军、刘林威、徐刚担任副主编，谢坤、胡萍、陈焱、罗吉梁、黄成金、肖芳、鄢真真、王和平（排名不分先后）参与编写。本书编写过程中还得到了杨清德、陈世江、王国明等行业、企业、高校专家的大力支持与帮助，同时得到汽车与装备制造专业集群内专业教师、思政课教师的大力支持和帮助，也参考和采用了许多相关专业文献和专家的建议，在此一并表示感谢。

本书中大量的图形引自车企原厂维修手册及实际汽车维修构造图。其中，部分图形符号、名称与国家标准不符，但为了便于学生学习理解、比对操作，未予以修改。本书可作为中职学校汽车运用与维修、汽车检测与维修技术、汽车电子技术及相关专业的教学用书，也可作为于汽车发动机维修行业培训用书、汽车维修人员、发动机技术爱好者自学参考书。

由于编者水平所限，加之时间仓促，书中不妥和错误之处在所难免，恳请读者提出宝贵意见，以便再版时修订。

编 者

2021 年 3 月

# CONTENTS 目 录

# 项目一｜汽车维修中常用的工、量具

## 【项目描述】

小王在某 4S 店工作,今天接待了一辆有问题的汽车。经过检测发现是发动机气缸体密封性出现了问题,需要用一些常用的和专用的工、量具对气缸体进行测量。那么,你知道汽车维修中常用的、专用的工、量具都有哪些吗?

## 【项目内容】

| 任务名称 | 主要内容 |
|---|---|
| 认识工、量具 | ①了解工、量具的名称和规格<br>②了解工、量具的作用 |
| 使用工、量具 | 掌握工、量具的使用方法 |
| 注意事项 | 掌握使用工、量具时的注意事项 |

## 【项目目标】

①了解工、量具的名称和规格划分。

②能熟练掌握汽车维修中常用的、专用的维修工、量具的使用方法。

③了解汽车维修中常用的、专用的维修工、量具使用时的注意事项。

④能制订实训计划并能正确选用维修工具。

⑤在操作过程中,树立学生常备不懈的安全意识和文明操作规范,培养学生踏实、肯干、肯钻研的工作态度和良好的岗位职责意识。

⑥培养学生能对实训后的垃圾进行合理分类,并具有环保意识。

【知识储备】

# 一、汽车维修中常用的工、量具

## （一）常用的工具

### 1.扳手

扳手是利用杠杆原理拧转螺栓、螺钉、螺母等开口或套孔固件的手工工具。扳手通常在一端或两端制有柄部,使用时沿螺纹旋转方向在柄部施加外力,就能拧转螺栓或螺母。扳手通常用碳素结构钢或合金结构钢制造。

扳手基本分为死扳手和活扳手两种。汽车维修中常用的有呆扳手(开口扳手)、梅花扳手、两用扳手、内六角扳手、套筒扳手、扭力扳手、活扳手等。

（1）呆扳手(开口扳手)

呆扳手的一端或两端制有固定尺寸的开口,用以拧转一定尺寸的螺母或螺栓,有单头和双头两种,如图 1-1 所示。呆扳手是最常见的一种扳手,其开口中心平面和本体中心平面成 15°角,这样既适应人手的操作方向,又可降低对操作空间的要求。

图 1-1　呆扳手

呆扳手的规格是以两端开口的宽度 $S(\text{mm})$ 来表示的,即扳手上的尺寸数字为开口的毫米数,如 8~10、12~14 等。呆扳手通常为成套装备,有 8 件一套、10 件一套等,如图 1-2 所示。

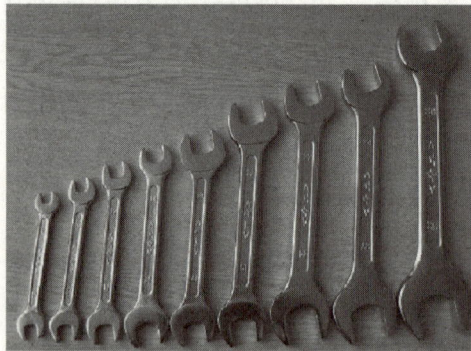

图 1-2　呆扳手套装

**小贴士**

　　呆扳手的使用注意事项:使用时应根据螺钉或螺母的尺寸,选择相应开口尺寸的呆扳手。为了防止扳手损坏和滑脱,应使拉力作用在开口较厚的一边。

　　(2)梅花扳手

　　梅花扳手的两端是环状的,其环的内孔为两个正六边形互相同心错转30°角而成,如图1-3所示。

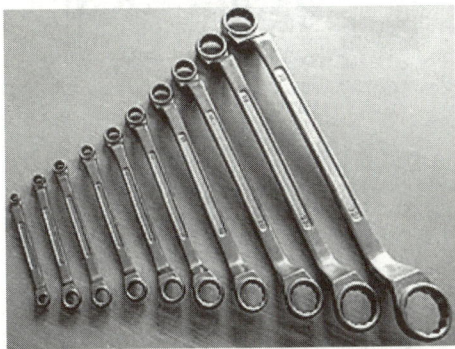

图1-3　梅花扳手

　　梅花扳手的规格以闭口尺寸 $S$(mm)来表示,即扳手上的尺寸数字为闭口的尺寸,如 8~10 mm、12~14 mm、17~19 mm 等。梅花扳手通常为成套装备,有8件一套、10件一套等,通常用45钢或40Cr钢锻造,并经过热处理。

　　梅花扳手与开口扳手相比,梅花扳手的强度更高,使用时不易滑脱,但套上、取下不方便。由于工作部分是封闭的环状,用起来对螺栓或螺母的棱角损伤很小,也比较安全。使用时扳动30°后,即可换位再套,因而适用于在狭窄场合下操作。

　　(3)两用扳手

　　两用扳手的一端与单头呆扳手相同,另一端与梅花扳手相同,两端拧转相同规格的螺栓或螺母,如图1-4所示。

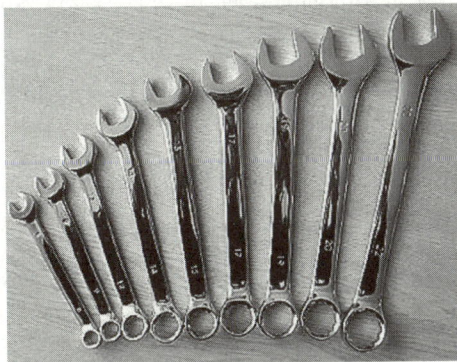

图1-4　两用扳手

（4）内六角扳手

内六角扳手是用来拆装内六角螺栓（螺塞）的，规格用六角形对边尺寸 $S$ 表示，有 3～27 mm 13 种，如图 1-5 所示。汽车维修作业中常用成套的内六角扳手，用于拆装 M4～M30 的内六角螺栓。

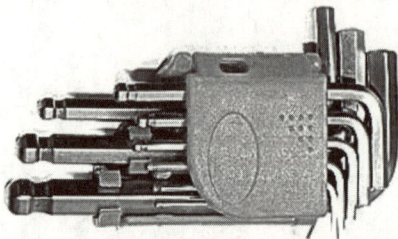

图 1-5　内六角扳手

（5）套筒扳手

套筒扳手的套筒呈短管状，一端内部呈六角形或十二角形，用来套住螺栓头；另一端有一个正方形的头孔，该头孔用来与配套手柄的方榫配合。常用套筒扳手的规格为 10～32 mm。

套筒扳手也是成套装备，并且配有滑动手柄、棘轮手柄、快速摇柄、万向接头、旋具接头和各种接杆等，以方便操作和提高效率，如图 1-6 所示。其中，各种手柄适用于各种不同的场合，选用时以操作方便或提高效率为原则。套筒扳手特别适用于拧转位置十分狭小或凹陷很深处的螺栓或螺母。

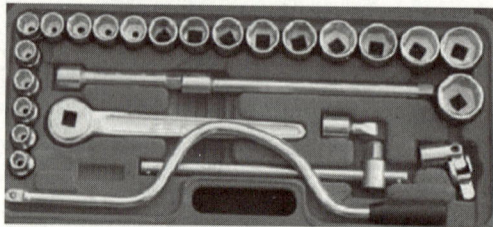

图 1-6　套筒扳手

另外，在汽车维修中除常见的标准套筒外，还有很多特殊的套筒如六角长套筒、六角或十二角花形套筒、旋具套筒等。

● 六角长套筒：六角长套筒的深度比标准套筒深 2～3 倍，是汽车维修工作中最常用的改型套筒之一。

● 十二角花形套筒：十二角花形套筒内径形状有六角和十二角（双六角）两种类型。内六角花形套筒与螺栓、螺母的表面接触面大，不易损坏螺栓、螺母表面；十二角花形套筒各角之间只间隔 30°，可以很方便地套住螺栓，适合于在狭窄的空间中拆卸螺栓。

● 旋具套筒：旋具套筒与配套手柄配合，组合成各式各样的螺丝刀或六角扳手，用来拆卸螺栓头为特殊形状的螺栓或扭矩过大的小螺钉。

**小贴士**

套筒扳手的使用方法及注意事项：

①将套筒套在配套手柄的方榫上(视需要与长接杆、短接杆或万向接头配合使用)，再将套筒套住螺栓或螺母，左手握住手柄与套筒连接处，保持套筒与所拆卸或紧固的螺栓同轴，右手握住配套手柄加力。

②在使用套筒的过程中，左手握紧手柄与套筒连接处，切勿摇晃，以免套筒滑出或损坏螺栓、螺母的棱角。应朝向自己的方向用力，可防止因滑脱而造成的手部受伤。

③在选用套筒时，必须使套筒与螺栓、螺母的形状及尺寸完全适合，若选择不正确，则套筒在使用时极有可能打滑，从而损坏螺栓、螺母。

④不要使用出现裂纹或已损坏了的套筒。这种套筒会引起打滑，从而损坏螺栓、螺母的棱角。

⑤禁止用锤子将套筒击入变形的螺栓、螺母后再进行拆装，避免损坏套筒。

（6）扭力扳手

扭力扳手是一种能读出所施扭矩大小的专用工具。其规格以最大可测扭矩来划分，主要用于有规定扭矩值的螺栓和螺母的装配，如气缸盖、连杆、曲轴主轴承等处的螺栓。扭力扳手除用来控制螺纹件旋紧力矩外，还可以用来测量旋转件的启动转矩。

常用的扭力扳手有指针式和预置力式两种。

• 指针式扭力扳手：结构较简单，有一个刻度盘，紧固螺栓时，扭力扳手的杆身在力的作用下发生弯曲，这样就可以通过指针的偏转角度大小表示螺栓、螺母的旋转程度，其数值可通过刻度盘读出。汽车维修中常用扭矩扳手的规格为300 N·m，如图1-7所示。

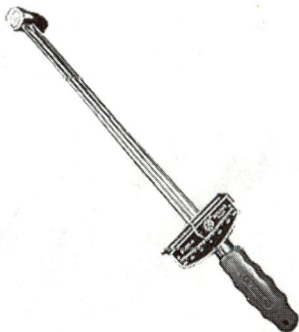

图1-7　指针式扭力扳手

• 预置力式扭力扳手：可通过旋转手柄，预先调整设定扭矩，达到设定扭矩时，该扳手会发出警告声以提示用户，如图1-8所示。

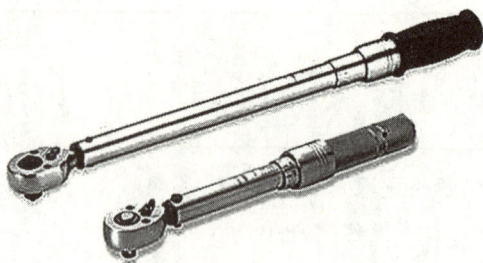

图 1-8　预置力式扭力扳手

**小贴士**

扭力扳手的使用方法及注意事项：

①在使用扭力扳手拧紧时要用左手握住套筒，并保持扭力扳手的方榫部及套筒垂直于紧固件所在平面；右手握紧扭力扳手手柄，朝自己这边扳转。禁止向外推动工具，以免滑脱而造成身体伤害。

②拧紧螺栓、螺母时，不能用力过猛，不可施加冲击扭力。当旋紧阻力不断增加时，旋转的速度应相应放缓，以免损坏螺纹。当扭力过大时，禁止在扭力扳手的手柄上再加装套管或用锤子捶击。

③切勿在达到预置扭力后继续旋力，如继续旋力，会使扭力大大超出预设值，除对扳手造成严重损害外，还会损坏螺栓、螺母。

④用扭力扳手紧固一个平面上多个固定螺栓且力矩较大时，要注意拧紧顺序，一般的拧紧顺序是从中间至两边且对角分多次拧紧，详细顺序以维修手册为准。

（7）活扳手

活扳手的开口尺寸能在一定范围内任意调整，使用场合与开口扳手相同，其规格是以最大开口宽度（mm）×扳手长度（mm）来表示，常用有 250 mm×30 mm、300 mm×36 mm 等，如图 1-9 所示。使用时右手握手柄，手越靠后扳动越省力。

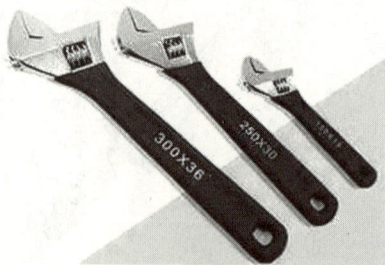

图 1-9　活动扳手

活扳手的使用注意事项：

活扳手操作起来不太灵活，需要旋转蜗杆才能使活动扳口张开及缩小，而且容易从螺栓上滑移，应尽量少用。使用时也应注意使扭力作用在开口较厚的一边。

## 2.旋具

旋具又称螺丝刀、起子、改锥，由柄、刀体和刃口组成，一般工作部分用碳素工具钢制成，主要用于旋拧小扭矩、头部开有凹槽的螺栓和螺钉。旋具分"一"字螺钉旋具和"十"字螺钉旋具二种。其规格以刀体部分的长度来表示，常用的有 100 mm、150 mm、200 mm 和 300 mm 等几种。

(1)"一"字螺钉旋具

"一"字螺钉旋具又称一字形螺钉旋具、平口改锥，用于旋紧或松开头部开一字沟槽的螺钉，如图 1-10 所示。

图 1-10　"一"字螺钉旋具

(2)"十"字螺钉旋具

"十"字螺钉旋具又称十字槽螺钉旋具、十字改锥，用于旋紧或松开头部带十字沟槽的螺钉，如图 1-11 所示。

图 1-11　"十"字螺钉旋具

旋具的使用注意事项：

①使用时，不可用螺丝刀当撬棒或凿子使用。

②使用前，应先擦净螺丝刀柄和口端的油污，以免工作时滑脱而发生意外，使用后也要擦拭干净。

③正确的方法是以右手握持螺丝刀，手心抵住柄端，让螺丝刀口端与螺栓或螺钉槽口处于垂直吻合状态。

④当开始拧松或最后拧紧时，应用力将螺丝刀压紧后再用手腕力扭转螺丝刀；当螺栓松动后，即可使手心轻压螺丝刀柄，用拇指、中指和食指快速转动螺丝刀。

⑤选用的螺丝刀口端应与螺栓或螺钉上的槽口相吻合。螺丝刀口太薄易折断；刀口太厚则不能完全嵌入槽内，易使刀口或螺栓槽口损坏。

### 3.手钳

手钳是汽车维修作业中使用最多的工具之一,其规格以钳长(mm)来表示,使用 50 钢制造,种类很多。汽车维修作业中常用钢丝钳、鲤鱼钳和尖嘴钳等。

(1)钢丝钳

钢丝钳主要用于夹持圆柱形零件,也可以代替扳手旋动小螺栓、小螺母,钳口后部的刃口可剪切金属丝。钢丝钳的外形如图 1-12 所示,按其钳长分 150 mm、175 mm、200 mm 三种。

图 1-12　钢丝钳

(2)鲤鱼钳

鲤鱼钳的作用与钢丝钳相同,中部凹凸粗长,便于夹持圆柱形零件,如图 1-13 所示。由于一片钳体上有两个互相贯通的孔,又有一个特殊的销子,可以方便地改变钳口的大小,以适应夹持不同大小的零件,是汽车维修中使用较多的手钳。鲤鱼钳的规格以钳长来表示,一般有 165 mm 和 200 mm 两种。

图 1-13　鲤鱼钳

小贴士

鲤鱼钳与钢丝钳相比,鲤鱼钳的支销相对于两片钳体是活动的,故使用时要比钢丝钳灵活,但剪断金属丝的效果没钢丝钳好。

(3)尖嘴钳

尖嘴钳的头部细长,所以能在较小的空间中工作,带刃口的能剪切细小零件。使用时不能用力太大,否则钳口头部会变形或断裂,如图 1-14 所示。规格以钳长来表示,常用的是 160 mm 这一种。

图 1-14　尖嘴钳

（4）剥线钳

剥线钳可用于剥离塑料或橡胶绝缘导线的绝缘层，切断不同规格的常用铜、铝芯导线，如图 1-15 所示。

图 1-15    剥线钳

（5）卡簧钳

卡簧钳也称挡圈钳，是专门用来拆装卡簧的工具，有多种结构形式，如图 1-16 所示。根据使用范围不同，卡簧钳分轴用和孔用两种，均有直嘴和弯嘴两种结构形式。轴用卡簧钳可用于将卡簧胀开，以便将卡簧从轴上拆下；孔用卡簧钳可以将卡簧收缩，以便将卡簧从轴孔内取出。

图 1-16    卡簧钳

---

**小贴士**

手钳的使用注意事项：

①使用时应擦洗干净，以免工作时脱落。

②操作时要夹牢，防止松脱。

③不能拿手钳当锤子用或当撬棒用。

④不能用手钳代替扳手松紧螺母或螺栓，以免损坏棱角和平面。

---

**4.锤子**

锤子又称圆顶锤，其锤头一端平面略有弧形，是基本工作面，另一端是球面，用来敲击凹凸形状的工件。金属锤子的规格主要以锤头质量来表示，以 0.5~0.75 kg 的最为常用,锤头以 45、50 钢锻造,两端工作面热处理后硬度一般为 HRC50~57。

汽车维修中常用的锤子根据材质不同可分为铁锤、铜锤、木槌和橡胶锤,如图1-17所示。

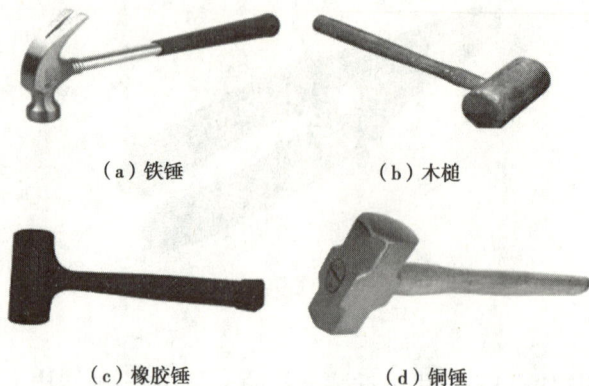

（a）铁锤  　　　　　（b）木槌

（c）橡胶锤  　　　　　（d）铜锤

图 1-17　锤子

---

**小贴士**

锤子的使用注意事项:

①使用前,检查手柄有无松动或断裂,防止锤头掉落飞出伤人。

②使用时,要把手上和锤子上的油污擦洗干净,防止滑脱伤人。

③以右手握手柄后端,锤击时锤面要与锤击面平行接触,眼睛注视工作物。

---

## （二）常用的量具

### 1.游标卡尺

游标卡尺简称卡尺,由外测量爪、内测量爪、紧固螺钉、主尺和深度尺组成,主尺上刻有主刻度线,游标尺上刻有游标刻度,能够正确且简单地测量长度、外径、内径及深度,如图1-18所示。

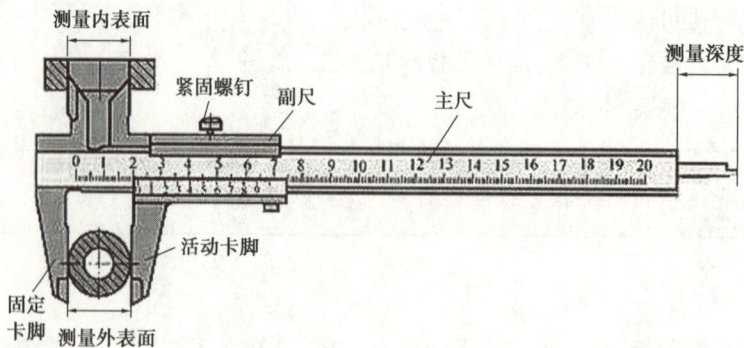

图 1-18　游标卡尺的组成

游标卡尺根据最小刻度的不同分为 0.05 mm 和 0.02 mm 两种。若游标卡尺上有 50 个刻度,则每刻度表示 0.02 mm;若游标卡尺上有 20 个刻度,则每刻度表示 0.05 mm。在汽车维修工作中,0.02 mm 精度的游标卡尺使用最多,如图 1-19 所示。

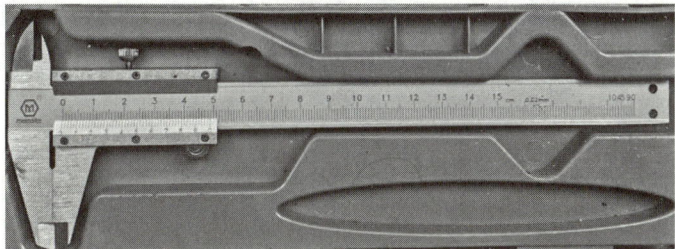

图 1-19　游标卡尺(0.02 mm)

---

**知识窗**

游标卡尺的读数方法:

①读出游标零线左边与主刻度尺身相邻的第一条刻线的整毫米数,即测得尺寸的整数值。

②再读出游标尺上与主刻度尺刻度线对齐的那一条刻度线所表示的数值,即为测量值的小数。

③把从尺身上读得的整毫米数和从游标尺上读得的毫米小数加起来即为测得的实际尺寸。

---

**小贴士**

游标卡尺的使用注意事项:

①游标卡尺是一种精密的测量工具,要获得很好的精度应小心轻放和妥善保存。

②测量前要清洁、校对精度。

③读数时目光对齐刻度线,以减小误差。

④测量后要清洁、归零、锁紧并涂上防锈油,小心存放。

---

**2.外径千分尺**

外径千分尺也称为螺旋测微器(简称"千分尺"),它是一种利用螺纹节距来测量长度的精密测量仪器,常用于测量加工精度要求较高的零部件,其测量精度比游标卡尺还要高,可达到 0.01 mm。外径千分尺主要由固定套管、微分筒(粗调)、细调、测量面、尺架、锁紧手柄和隔热装置等组成,如图 1-20 所示。

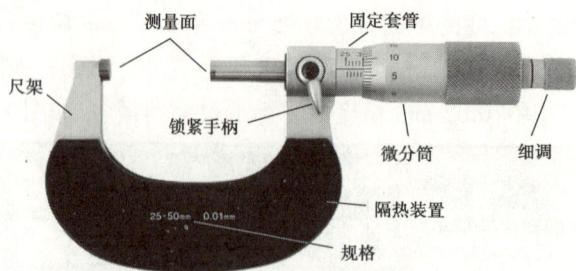

图 1-20 外径千分尺的组成

外径千分尺根据规格的不同可分为 0～25 mm、25～50 mm、50～75 mm、75～100 mm 等,可根据所测零部件外径粗细而选择不同规格的千分尺,如图 1-21 所示。

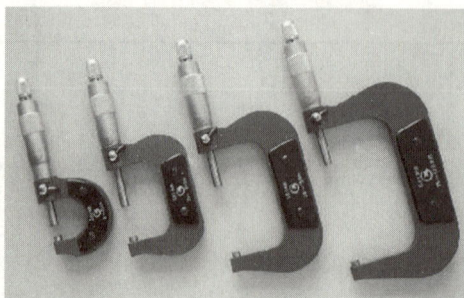

图 1-21 不同规格的外径千分尺

---

**知识窗**

外径千分尺的读数方法:

①先读出固定套管上的部分。从起始刻度开始到微分筒对应刻度止,固定套管上面的整数和下面的小数部分刻度。

②再读微分筒上面的部分。微分筒上面对应固定套管上中间线的刻度(从下往上读)。

③最终读数:套管部分读数+微分筒部分读数。

---

**小贴士**

外径千分尺的使用注意事项:

①使用前确保千分尺零点校正,若有误差请用调整扳手调整或用测定值减去误差。

②被测部位和千分尺都必须保持清洁,若有油污或灰尘须立即擦拭干净。

③测量时请将被测面轻轻顶住砧子,转动限荷棘轮及套筒使测轴前进,不可直接转动活动套管。

④测量时尽可能握住千分尺的弓架部分,注意不可触碰砧子。

⑤旋转后端棘轮旋钮，使两个砧端夹住被测部件，然后再旋转棘轮一圈左右，当听到其发出两三响"咔咔"声后，表示已产生适当的测定压力。

⑥为防止因视差而产生误读，最好让眼睛视线与基准线成直角后再读取读数。

⑦测量活塞、曲轴轴径之类的圆周直径时，必须保证测轴轴线与最大轴径保持一致(即测试处为轴径最大处)，若从横向来看，测轴应与检测部件中心线垂直，这样才能保证测试数据准确无误。

⑧使用时应避免千分尺掉落地面或遭受撞击。如果不小心将千分尺掉落，应立刻检查并作适当处理。

⑨严禁将千分尺放置在污垢或灰尘很多的地方，并且在使用后要将测砧和测轴的测定面分离后再放置。

⑩为防止生锈，使用后需立即擦拭并涂上一层防锈油。保存时应先放置于储存盒内，再置于湿度低、无振动的地方保存。

⑪禁止用千分尺测量正在运转或处于高温的机件。

⑫校准棒要注意保持完好无损。当必须进行拆卸保养时，应特别注意不要碰撞其螺纹，使用时也不可用力拧紧微分筒。

### 3.钢直尺

钢直尺是最基本的测量工具，一般用于测量精度要求不高的零部件，可以直接测量出零部件的尺寸，如图1-22所示。

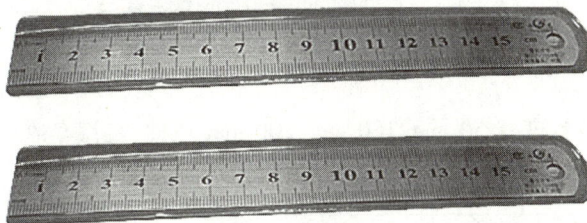

图1-22　钢直尺

钢直尺一般用钢材或不锈钢材打造而成，长度有150 mm、200 mm、300 mm等。汽修维修中常用的钢直尺为150 mm和300 mm两种。

**小贴士**

钢直尺的使用注意事项：

①要以端边的"0"刻线作为测量基准。这样，在测量时不仅容易找到测量基准，也便于读数和计数。最好的方式是用拇指将钢直尺按住，使其贴靠在工件上。

②测量时，钢直尺要放平、放正，刻度面朝上、朝外，不得前后、左右歪斜，否则，从尺上读得的数比被测得的实际尺寸大。

③用钢直尺测量圆柱形的圆形截面直径时,钢直尺的端边要与被测面的边缘相切,然后左右摆动钢直尺,找出最大尺寸,即为所测圆形直径尺寸。

④使用钢直尺前应先检查钢直尺各部位有无损伤,不能有影响使用性能的外观缺陷,如碰弯、划痕、刻度断线或看不清刻度线等。

⑤有悬挂孔的钢直尺,使用后必须用干净的棉丝擦干净,然后悬挂起来,使其自然下垂。如果没有悬挂孔,则将钢直尺擦净后平放在平板、平台或平尺上,防止其因受压变形。如果较长时间不用,则应将钢直尺涂上防锈油。应选择在温度低、湿度低的地方存放。

### 4.厚薄规

厚薄规又称塞尺或间隙片,是一组由淬硬的钢条或刀片被研磨或滚压成精确的厚度,其中每条钢片标出了厚度(单位为 mm)。它们可以单独使用,也可以将两片或多片组合在一起使用,以便获得所要求的厚度,最薄的一片可以达到 0.02 mm,如图 1-23 所示。

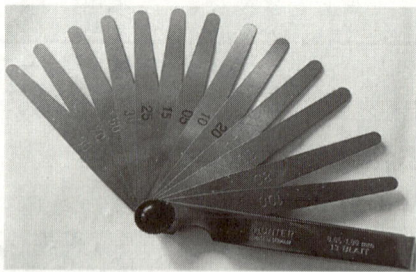

图 1-23　厚薄规

常用厚薄规的长度有 50 mm、100 mm、200 mm 三种,在汽车维修工作中主要用于测量气门间隙、触点间隙和一些接触面的平直度等。

**小贴士**

厚薄规的使用注意事项:

①使用厚薄规测量时,应根据间隙的大小,先用较薄片试插,逐步加厚,可以一片或数片重叠在一起插入间隙内,插入深度应在 20 mm 左右。

②测量时,必须平整插入,松紧适度,所插入的钢片厚度即为间隙尺寸。严禁大力强硬地将钢片插入缝隙测量。

③当厚薄规同直尺一起使用时,厚薄规可用来检查零件的平直度,如气缸盖的平直度。由于厚薄规很薄,容易弯曲或折断,测量时不能用力太大。测量时应在结合面的全长上多处检查,取其最大值,即为两结合面的最大间隙量。测量后

应及时将测量片合到夹板中去,以免损伤各金属薄片。

④厚薄规上不得有污垢、锈蚀及杂物。厚薄规使用完毕后要将测量面擦拭干净,并涂上防锈油。

### 5.百分表

百分表是利用指针和刻度将心轴移动量放大来表示测量尺寸,主要用于测量工件的尺寸误差以及配合间隙等,如图 1-24 所示。

汽车修理中一般采用最小刻度为 1/100 mm 的百分表。通常情况下,百分表要和夹具配合使用。

**知识窗**

百分表的读数方法:

百分表的表盘刻度分为 100 格,相当于将刻度盘分为 100 等份,所以百分表的测量精确可以到 1/100 mm。当测量头上下每移动 0.01 mm 时,大指针偏转 1 格;当测量头上下每移动 1.0 mm 时,大指针偏转 1 周,而小指针偏转 1 格。大指针移动一格相当于 0.01 mm 的移动量。

图 1-24  百分表

图 1-25  百分表及磁力表座

白分表一般装在磁力表座上使用,如图 1-25 所示,支座内部设有磁铁,旋转支座上的旋钮使磁力表座吸附在工具台上,因而百分表又称磁力表座。百分表还可以和夹具、V 形槽、检测平板、顶心台合并使用,用于弯曲、振动及平面状态的测定或检查。

小贴士

百分表的使用注意事项：

①百分表的内部构造和钟表相类似,应避免摔落或遭受强烈撞击。

②百分表的心轴上不可涂抹机油或油脂。

③为防止生锈,使用后应立即擦拭并涂上一层防锈油。

④定期检查百分表的精密度。

⑤收藏时先将百分表放在工具盒内,再放置在湿度低、无振动的库房内。

### 6.刀口尺

刀口尺也被称为刀口直尺、刀口平尺等,其规格按长度来划分,如图 1-26 所示。

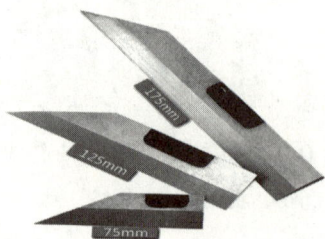

图 1-26　刀口尺

刀口尺在使用时一般用光隙法来进行直线度和平面度的测量。光隙法测量是指将刀口尺置于被测实际线上并使刀口尺与实际线紧密接触,转动刀口直尺使其位置符合最小条件,然后观察刀口尺与被测物之间的最大光隙。当光隙值较大时,可用量块或塞尺测其值;光隙值较小时,可通过标准光隙比较来估读光隙值大小,具体判断标准如下:

间隙大于 0.0025 mm 时,透光颜色为白光;

间隙为 0.001~0.002 mm 时,透光颜色为红光;

间隙为 0.001 mm 时,透光颜色为蓝光;

间隙小于 0.001 mm 时,透光颜色为紫光;

间隙小于 0.0005 mm 时,则不透光。

小贴士

刀口尺的使用注意事项:

①用刀口尺测量时,被检验表面不能太粗糙。如果被测量面太粗糙,不仅会磨损刀口尺的测量面,而且不容易准确判定光隙的大小。

②测量中当需要从一个截面到另一个截面时,应该把刀口尺提起后轻轻放到另一个截面上,而不能将刀口尺拖着走,否则会加速刀口尺的磨损。

③选用刀口尺时要使其长度大于或等于被测量面的长度,并且要在给定方向上的若干个位置点上进行测量,取其中的最大值作为该被测量平面的直线度或平面度误差。

④用完后必须将刀口尺的各部位擦干净,然后放入盒内保存,也可以涂一层防锈油。

### 7.量缸表

量缸表也叫内径百分表,是和百分表配套使用的测量仪器,在汽车维修中,量缸表主要用来测量汽缸的内径,从而判断汽缸的磨损量。

量缸表主要包括百分表、表杆、各种长度的接杆和接杆紧固螺钉、垫圈等,如图1-27所示。

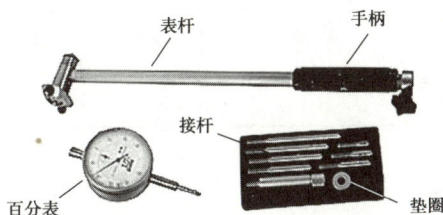

图1-27　量缸表的组成

小贴士

量缸表的使用注意事项:
①进行测量时,应使测量仪器和被测量件的温度保持在一定的区间。
②保持固定的测定动作。
③使用后应注意仪器的清理和维护,并存放在不受灰尘和气体污染的场所。
④要定期地检查仪器精度。

## 二、汽车维修中专用的工、量具

### 1.活塞环钳

活塞环钳(也叫活塞环拆装钳)用于拆装发动机活塞环,避免活塞环因受力不均匀而拆断。常用活塞环钳的外形如图1-28所示。

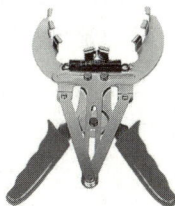

图1-28　活塞环钳

小贴士

活塞环钳的使用注意事项:
使用活塞环钳时,将钳上的环卡卡住活塞环开口,握住手把稍稍均匀地用力,使拆装钳手把慢慢地收缩,环卡将活塞环徐徐地张开,使活塞环能从活塞环槽中取出或装入。用力必须均匀,避免用力过猛而导致活塞环折断,同时能避免发生伤手事故。

### 2.活塞环压缩器

活塞环压缩器一般是由带刚性的铁皮制成,如图1-29所示。活塞环压缩器的大小、型号有所不同,选用时要根据活塞的直径选择合适的压缩器。

由于活塞环本身弹性的作用,活塞环在自由状态下的外圆直径将大于活塞直径及气缸直径。如果想将活塞及活塞环装入气缸,必须将活塞环包紧在活塞环槽内。

---

**小贴士**

活塞环压缩器的使用注意事项:

严禁使用金属棒锤击活塞顶部,防止对活塞造成损伤,同时在操作时一定要规范,防止伤手事故发生。

---

图 1-29　活塞环压缩器

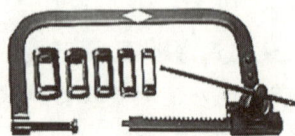

图 1-30　气门弹簧拆装钳

### 3.气门弹簧拆装钳

气门弹簧拆装钳是一种专门用于拆装顶置气门弹簧的工具,其类型很多,最常见的气门弹簧拆装钳外形如图 1-30 所示。

使用气门弹簧拆装钳时,将托架抵住气门,压环对正气门弹簧座,然后压下手柄,使得气门弹簧被压缩。这时可取下气门弹簧锁销或锁片,慢慢地松抬手柄,即可取出气门弹簧座、气门弹簧和气门等。

### 4.机油滤清器扳手

机油滤清器扳手主要是用来拆装发动机机油滤清器的,常见的机油滤清器扳手类型很多,结构各异,但作用相同,使用操作方法也基本相似。

杯式滤清器扳手:这种滤清器扳手像一个大型套筒,拆卸不同车型的滤清器时需要使用不同尺寸的扳手,在购买时多为组套形式配装,如图 1-31 所示。

图 1-31　杯式滤清器扳手

钳式滤清器扳手:这种滤清器扳手可以说是钳子的改型产品,使用方法同鲤鱼钳相似,如图 1-32 所示。

图 1-32　钳式滤清器扳手

环形滤清器扳手:结构为一个可调大小的环形,环形内侧设计为锯齿状。使用时将其套在滤清器顶部的棱面上,扳动手柄,扳手的环形会根据滤清器大小合适地卡在棱面上,顺利地完成拆装工作,如图 1-33 所示。

图 1-33　环形滤清器扳手

### 5.气门铰刀

气门铰刀是用来铰削气门的,由导杆、手柄和不同角度的铰刀头组成,如图 1-34 所示。

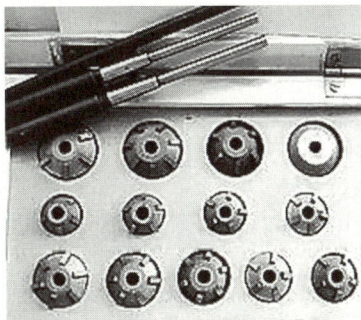

图 1-34　气门铰刀

根据角度不同,铰刀头可分为 15°、30°、45° 及 75° 等多种类型的铰刀。当气门与气门座密封不严时,就需要选用合适的气门铰刀进行铰削和研磨。实际维修时应根据气门的直径和气门导管内径来选择铰刀和铰刀导杆。

### 6.拉拔器

拉拔器也称拉卸器或扒马,俗称扒子,主要由拉臂和中心螺杆组成,螺杆前端加工为锥形,后端有供扳手拧动的内六角,主要用于汽车维修中静配合副和轴承部位的拆装,常见的拉拔器有两爪和三爪两种类型,如图 1-35 所示。

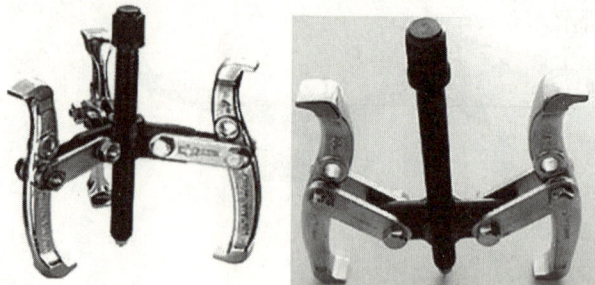

图 1-35　拉拔器

小贴士

拉拔器使用注意事项:

①拆卸不能破坏工件的配合性质和工作表面,如拆卸曲轴皮带轮、齿轮等零件应选用三爪拉拔器,而拆卸轴承等零件最好使用两爪拉拔器。

②使用拉拔器时,还要视拆卸对象选用适合尺寸和拉力限制范围的拉拔器。

③使用拉拔器时,拉臂抓住所要拆卸的部件,使用扳手旋进中心螺杆,随着中心螺杆旋入,拉臂上就会产生很大的拉力,直到把部件拆下。

④操作时,手柄转动要均匀,拉爪装夹要平衡,不要歪斜,不要硬拉。

⑤拆卸轴承时,两侧的拉臂尖应钩在其内套平面上,不能外撇。

## 【任务实施】

| 任务名称 | | | |
|---|---|---|---|
| 班　级 | | 姓　名 | |
| 地　点 | | 日　期 | |
| 成　员 | | | |

# 一、任务准备

| 序号 | 配件名称 | 备　注 |
|---|---|---|
| 1 | 发动机拆装台架 | |
| 2 | 套筒扳手120件套 | |
| 3 | 气门弹簧拆装套装 | |
| 4 | 扭力扳手 | |
| 5 | 起子 | |

续表

| 序号 | 配件名称 | 备　注 |
|------|----------|--------|
| 6 | 塞尺 | |
| 7 | 钳子 | |
| 8 | 量缸表 | |
| 9 | 磁力表座 | |
| 10 | 游标卡尺 | |
| 11 | 外径千分尺 | |
| 12 | 活塞环压缩器 | |
| 13 | 橡胶榔头 | |

续表

| 序号 | 配件名称 | 备　注 |
|---|---|---|
| 14 | 活塞环钳 | |
| 15 | 钢直尺 | |
| 16 | 刀口尺 | |
| 17 | 机油滤清器扳手 | |

## 二、过程记录

| 活动名称 | | 任务要点记录 | 使用资源记录 | 本人角色 |
|---|---|---|---|---|
| 工、量具的名称和规格 | 预置力式扭力扳手 | | | □安全员<br>□操作员<br>□记录员<br>□观察员 |
| | 套筒扳手 | | | □安全员<br>□操作员<br>□记录员<br>□观察员 |

续表

| | 活动名称 | 任务要点记录 | 使用资源记录 | 本人角色 |
|---|---|---|---|---|
| 工、量具的名称和规格 | 外径千分尺 | | | □安全员<br>□操作员<br>□记录员<br>□观察员 |
| | 游标卡尺 | | | □安全员<br>□操作员<br>□记录员<br>□观察员 |
| 注意事项 | 量缸表 | | | □安全员<br>□操作员<br>□记录员<br>□观察员 |
| | 刀口尺 | | | □安全员<br>□操作员<br>□记录员<br>□观察员 |
| | 活塞环压缩器 | | | □安全员<br>□操作员<br>□记录员<br>□观察员 |

## 【评价与考核】

| 序号 | 作业项目 | 考核内容 | 评分标准 | 配分 | 扣分 |
|---|---|---|---|---|---|
| 1 | 作业安全职业操守 | 能进行工位7S操作 | □整理、整顿(1分)<br>□清理、清洁(1分)<br>□素养、节约(1分)<br>□安全(2分) | 5 | |
| | | 能进行设备和工具的安全检查 | □检查作业所需要的工具、设备是否完备(4分)<br>□检查作业环境是否配备灭火器(4分)<br>□检查操作实训平台工作情况是否正常(4分) | 12 | |
| | | 能进行工具清洁、校准、存放操作 | □使用工具前对工具进行清洁、校准(4分)<br>□使用工具后对工具、量具进行清洁(4分)<br>□作业完成后对工具进行复位(4分) | 12 | |
| | | 能进行三不落地操作 | □作业过程做到油液不落地(1分)<br>□作业过程做到水液不落地(1分)<br>□作业过程做到工具不落地(1分) | 3 | |
| 2 | 工具认知及使用 | 认识螺钉旋具及其使用 | □能正确说出各螺钉旋具的名称(3分)<br>□能正确说出螺钉旋具的分类(3分)<br>□能正确说出各螺钉旋具的使用方法(3分)<br>□能正确说出各螺钉旋具的使用注意事项(3分) | 12 | |
| | | 认识钳子及其使用 | □能正确说出各钳子的名称(3分)<br>□能正确说出钳子的分类(3分)<br>□能正确说出各钳子的使用方法(3分)<br>□能正确说出各钳子的使用注意事项(3分) | 12 | |
| | | 认识扳手及其使用 | □能正确说出各扳手的名称(3分)<br>□能正确说出扳手的分类(3分)<br>□能正确说出各扳手的使用方法(3分)<br>□能正确说出各扳手的使用注意事项(3分) | 12 | |
| | | 认识锤子及其使用 | □能正确说出各锤子的名称(3分)<br>□能正确说出锤子的分类(3分)<br>□能正确说出各锤子的使用方法(3分)<br>□能正确说出各锤子的使用注意事项(3分) | 12 | |
| | | 认识活塞环钳及其使用 | □能正确说出活塞环钳的名称(3分)<br>□能正确说出活塞环钳的分类(3分)<br>□能正确说出活塞环钳的使用方法(3分)<br>□能正确说出活塞环钳的使用注意事项(3分) | 12 | |

25

续表

| 序号 | 作业项目 | 考核内容 | 评分标准 | 配分 | 扣分 |
|------|----------|----------|----------|------|------|
| 3 | 安全文明 | 安全文明生产 | □着装整齐(2分)<br>□无安全事故发生(2分)<br>□动作规范、熟练(2分)<br>□精神饱满、有礼貌(2分) | 8 | |
| 合计 | | | | 100 | |

## 【实训报告单】

<table>
<tr><td colspan="6" align="center">实训报告单</td></tr>
<tr><td>科　目</td><td></td><td>班　级</td><td></td><td>学生姓名</td><td></td></tr>
<tr><td colspan="2">实训项目</td><td colspan="4"></td></tr>
<tr><td colspan="2">实训任务</td><td colspan="4"></td></tr>
<tr><td colspan="2">实训器材</td><td colspan="4"></td></tr>
<tr><td colspan="2">实训内容</td><td colspan="4"></td></tr>
<tr><td colspan="2">体会或建议</td><td colspan="4"></td></tr>
<tr><td colspan="2">实训结果</td><td colspan="4">自评_____　　互评_____　　师评_____</td></tr>
</table>

指导教师_____　　　　　　　　　时间_____

## 【作业】

### 一、填空题

1.呆扳手（开口扳手）是一端或两端制有＿＿＿＿＿＿，用于拧转一定尺寸的＿＿＿＿＿＿，有＿＿＿＿和＿＿＿＿两种。

2.游标卡尺简称卡尺，由＿＿＿＿、＿＿＿＿、＿＿＿＿、＿＿＿＿和＿＿＿＿组成，主尺上刻有＿＿＿＿，游标尺上刻有＿＿＿＿，能够正确且简单地测量长度、外径、内径及深度。

3.厚薄规又称＿＿＿＿，是一组淬硬的钢条或刀片被研磨或滚压而成。

4.量缸表主要由＿＿＿＿、＿＿＿＿和接杆紧固螺钉等组成。

5.气门铰刀由＿＿＿＿、＿＿＿＿和＿＿＿＿组成。

### 二、选择题

1.在拧松螺栓的作业中，应首选（　　　）工具。

　　A.开口扳手　　　　B.梅花扳手　　　　C.套筒扳手　　　　D.活动扳手

2.以下不可用于机油滤清器拆卸的工具是（　　　）。

　　A.杯式滤清器扳手　　　　　　　B.钳式滤清器扳手

　　C.环形滤清器扳手　　　　　　　D.管钳

3.右图所示的工具为（　　　），主要作用是（　　　）。

　　A.活塞环拆装钳；将活塞装入气缸

　　B.活塞环压缩器；从活塞上拆装活塞环

　　C.活塞环拆装钳；从活塞上拆装活塞环

　　D.活塞环压缩器；将活塞装入气缸

4.要想使气门座的接触面下移，应使用（　　　）铰刀，而要使接触面上移，则应使用（　　　）铰刀。

　　A.15°　　　　　　B.30°　　　　　　C.45°　　　　　　D.75°

5.紧固或拆卸制动等液压管路时应选用（　　　）工具。

　　A.开口扳手　　　　B.专用扳手　　　　C.套筒扳手　　　　D.活动扳手

### 三、思维拓展

汽车维修中常用的工、量具有哪些？

# 项目二｜发动机气门组和气门传动组的拆装与检修

【项目描述】

　　小李在某 4S 店工作，今天接待了一辆需维修的汽车，经过检测发现是发动机配气机构气门组和气门传动组出现了问题。那么，你知道该如何安全、规范地进行发动机气门组和气门传动组的拆装与检修吗？

【项目内容】

| 任务名称 | 主要内容 |
| --- | --- |
| 任务一　气门组的拆装与检修 | ①了解气门组的组成及作用<br>②拆装与检修气门<br>③拆装与检修气门座<br>④拆装与检修气门弹簧 |
| 任务二　气门传动组的拆装与检修 | ①了解气门传动组的组成及作用<br>②拆装气门传动组<br>③检修凸轮轴 |
| 任务三　气门间隙的检修 | ①了解配气相位<br>②掌握气门间隙逐缸调整的方法<br>③掌握气门间隙"2"次调整的方法 |

【项目目标】

　　①能理解汽车发动机配气机构气门组和气门传动组的组成、名称、作用及工作原理。

　　②能熟练掌握发动机气门组和气门传动组拆装与检修时常用的、专用的维修工、量具的使用方法。

　　③能够熟练掌握发动机气门组和气门传动组的拆装与检修方法。

　　④在操作过程中，树立学生常备不懈的安全操作意识，培养学生踏实、肯干、肯钻

研的工作态度和良好的岗位职责意识。

⑤能对实训后的垃圾进行合理分类,具有环保意识。

## 【知识储备】

# 一、配气机构概述

### 1.配气机构的作用

目前,四冲程汽车发动机都采用气门式配气机构,其作用是按照发动机的工作顺序和工作循环的要求,定时开启和关闭各缸的进、排气门,使新鲜空气(或混合气)充分进入气缸,废气彻底从气缸排出,从而配合发动机各个缸完成进气、压缩、做功和排气工作行程。

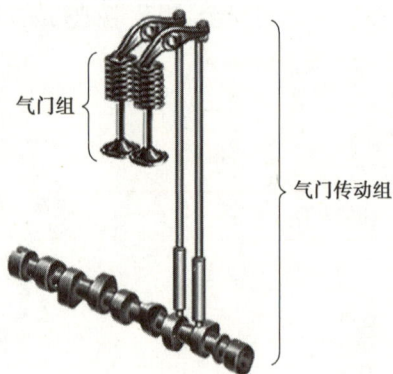

图 2-1 配气机构

### 2.配气机构的组成

发动机配气机构由气门组和气门传动组两部分组成,如图 2-1 所示,每组零件的组成与气门的位置、凸轮轴的位置和气门的驱动形式等有关。目前,汽车发动机均采用顶置气门,即进、排气门置于气缸盖内,然后盖在气缸顶上。凸轮轴的安装位置有下置式、中置式和上置式 3 种。气门驱动形式有摇臂驱动、摆臂驱动和直接驱动 3 种类型。

配气机构的工作动力是由曲轴提供的,而曲轴和凸轮轴之间的传动方式可分为链传动、同步带转动和齿轮传动,如图 2-2 所示。

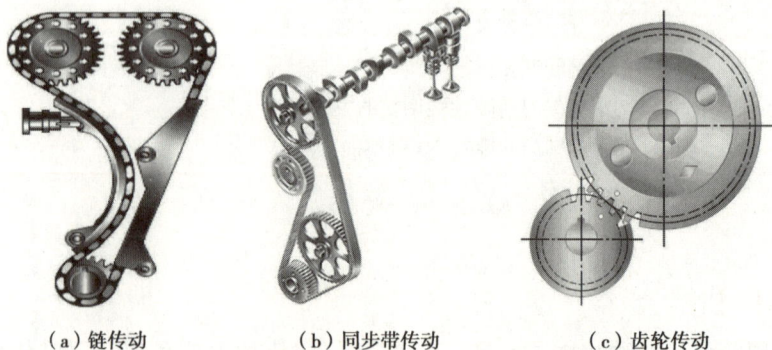

(a)链传动      (b)同步带传动      (c)齿轮传动

图 2-2 曲轴和凸轮轴动力的传递方式

## 二、气门组零部件的拆装与检修

### （一）气门组的组成与拆装

#### 1.气门组的组成

气门组主要由气门、气门锁片、气门弹簧座（分上、下弹簧座）、气门弹簧（内、外气门弹簧）、气门油封等组成，如图 2-3 所示。

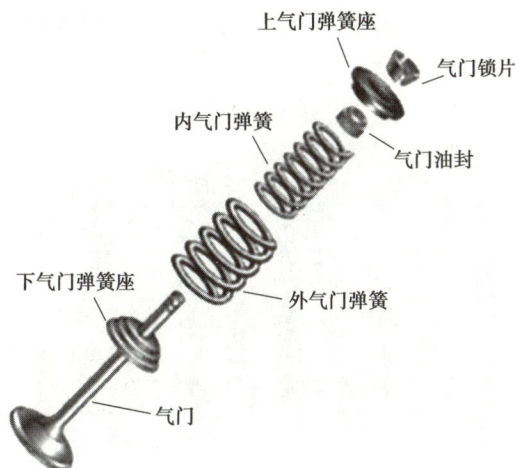

图 2-3　气门组零件

#### 2.气门组的拆装

（1）气门组的拆卸步骤

①依次拆卸进、排气气门锁片。用气门弹簧拆装工具下部顶气门头部，上部压上气门弹簧座圈，用力按压气门弹簧拆装工具手柄使锁片露出，然后用磁力棒吸出锁片，并按顺序摆放整齐，如图 2-4 所示。

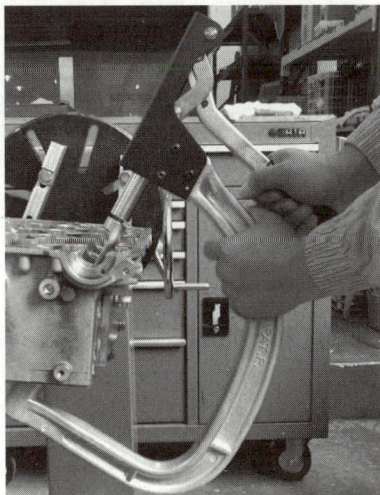

图 2-4　拆卸气门锁片

注意：在拆卸前先使用专用工具释放松开气门座圈；在操作过程中要保证气门弹簧拆装工具上、下工作面的中心线与气门中心线重合；同时，带上护目镜防止因锁片弹出而误伤眼睛。安装注意事项同此。

②依次取下进、排气气门上气门弹簧座，并按顺序摆放整齐。

③依次拆下进、排气气门弹簧，并按顺序摆放整齐。

④依次拆下进、排气气门，并按顺序摆放整齐。

⑤使用专用工具，依次拆下进、排气门油封，并按顺序摆放整齐。

⑥依次拆下进、排气气门弹簧的下座，并按顺序摆放整齐（若无下座，则此步骤省略）。

⑦依次拆下进、排气气门导管，并按顺序摆放整齐，如图 2-5 所示。

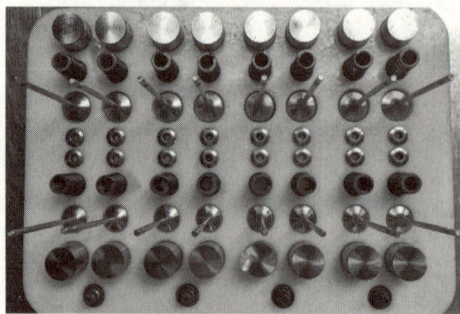

图 2-5　气门组零部件

注意：气门导管一般是镶嵌在气缸盖上的，不需要拆卸气门导管；还有些发动机根本就没有安装气门导管，而是在气缸盖上直接加工出气门杆孔的。

（2）气门组的安装步骤

①使用气枪或吸油纸依次清洁气门组全部零件，如图 2-6 所示。

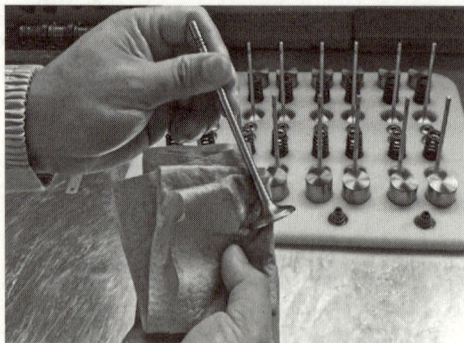

图 2-6　清洁气门组件

注意：清洁完毕的零部件摆放整齐，顺序不能乱。

②用润滑油对需要润滑的零部件进行润滑，如图 2-7 所示。

图 2-7　润滑气门组件

③依次安装进、排气气门弹簧下座（无则此步骤省略）。

④用专用工具依次安装进、排气气门油封，如图 2-8 所示。

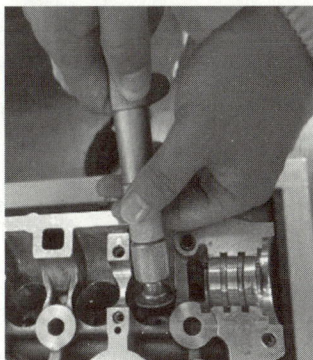

图 2-8　安装气门油封

注意：油封在安装前要进行润滑；同时油封不允许重复使用，每次安装要更换为新的油封；使用橡胶榔头敲入气门油封。

⑤依次安装进、排气气门。

注意：进、排气的气门在安装时一定要区分开来，不能装反，否则会导致发动机的严重损坏。

⑥依次安装进、排气气门弹簧。

注意：对于双气门弹簧的，在安装时两个大、小弹簧的旋向一定要相反。

⑦依次安装进、排气门上气门弹簧座。

⑧用专用工具依次安装进、排气气门锁片，如图 2-9 所示。

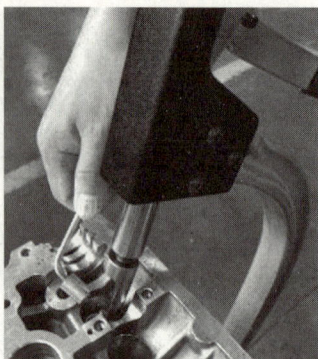

图 2-9　安装气门锁片

## （二）气门的构造与检修

### 1.气门的工作环境

①高温,受热严重,散热困难。

②受力复杂,受气体压力、弹簧力及惯性冲击力的作用。

③润滑条件差。

④腐蚀,高温燃气中具有腐蚀性气体存在。

### 2.气门的材料要求

①耐热,具有良好的导热性。

②在高温下仍然保持足够的硬度和强度,并耐冲击。

③耐磨、耐腐蚀。

### 3.气门的构造

汽车发动机的气门均为菌形气门,气门由头部和杆部两部分组成,如图 2-10 所示。其中头部主要用来开启或打开进、排气通道,杆部主要为气门的运动起导向作用,进气门一般用中碳合金钢制造,排气门一般采用耐热合金钢制造。另外,为了节约耐热合金钢,有些排气门头部采用耐热合金钢,而杆部采用普通合金钢制造,然后将两者焊接在一起。

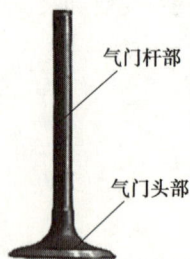

气门杆部

气门头部

（a）平顶　　　（b）凹顶　　　（c）凸顶

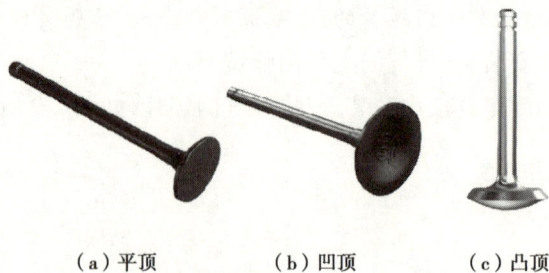

图 2-10　气门结构　　　图 2-11　气门的形状

（1）气门头部

气门头顶部一般有平顶、凹顶和凸顶等形状，如图 2-11 所示，其各个形状特点如下。

①平顶：结构简单，制造方便，受热面积小，进、排气都可采用，目前应用最多。

②凹顶：杆部和头部过渡圆弧大，进气阻力小，弹性好，适应性强，一般用作进气门。

③凸顶：头部刚度大，进气阻力小，受热面积大，加工较为复杂，质量较大，一般用作排气门。

气门与气门座之间的工作面是锥面，能起到良好的密封和清理积碳的作用，气门锥面与气门顶面之间的夹角称为气门锥角，如图 2-12 所示，进、排气门的气门锥角一般为 45°，也有少数的气门锥角为 30°，其气门锥角大小的特点如下。

图 2-12 气门锥角

①较小气门锥角：气门通过断面较大，阻力较小，可以增加进排气量，刚度较差，容易变形，密封性不好。

②较大气门锥角：刚度较大，自动对中性好，不易变形，密封性好。

气门与气门座圈要贴合紧密，可以起到良好的导热散热作用。其中，气门头部接受的热量一部分经气门座圈直接传递给气缸盖；还有一部分通过气门杆和气门导管传递给气缸盖，最终被流经气缸盖的冷却液带走而进行降温。

多数发动机的进气门的头部直径要比其排气门大，如图 2-13 所示，这样可以增加进气通道面积，使进气充分，从而提高发动机的工作效率。

图 2-13 进气门和排气门

（2）气门杆部

气门杆分为实心和空心两种，呈圆柱形，具有较高的加工精度，与气门导管保持较小的配合间隙，并起到导向和散热作用。

气门杆顶端处的形状决定着上气门弹簧座的固定方式，常见的有锁片式和锁销式两种，如图 2-14 所示。

### 4.气门的检修

气门的检修主要包含气门头部检修和气门杆部检修。

（1）检查气门外观

①气门座圈是否存在点蚀。

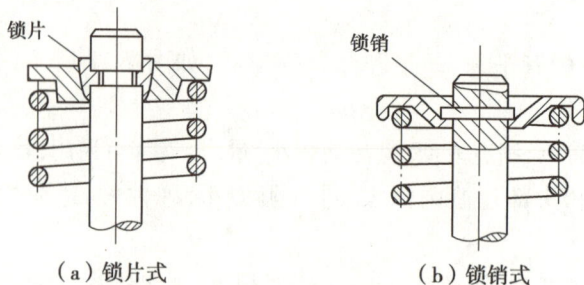

（a）锁片式　　　　　　　（b）锁销式

图 2-14　上气门弹簧座的固定方式

②气门杆是否存在明显弯曲。

③气门杆是否存在点蚀或严重磨损。

④气门锁片槽是否磨损。

⑤气门杆顶部是否磨损。

注意：如存在上述任一问题，则需要更换气门。

（2）检修气门头部

①气门头部直径的检修：用外径千分尺检测气门头部处最大直径，看是否超出极限值，如图 2-15 所示。

图 2-15　气门头部直径测量

②气门头部锥面的检修：用游标卡尺或钢板尺测量工作锥面的宽度，看宽度是否超出极限值，如图 2-16 所示。

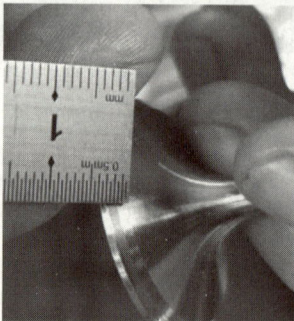

图 2-16　气门头部锥面检测

③气门余量厚度的检修：用游标卡尺或钢板尺测量工作锥面下部边缘距离气门外径的距离，看是否超出极限值，如图 2-17 所示。

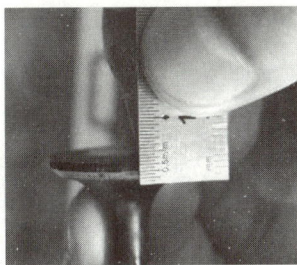

图 2-17  气门余量厚度检测

④气门对气门座同心度的检修:将红丹油轻轻涂抹在气门锥面上,然后将气门装入气缸盖,用足够的力按压气门进行转动,拆下气门,检查红丹油的痕迹,看痕迹是否均匀、连续,如图 2-18 所示。

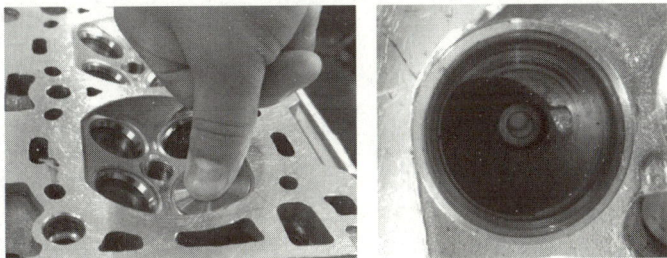

图 2-18  同心度的检测

注意:如存在上述任一问题,则需要更换气门。

(3)检修气门杆部

①气门杆长度的检修:把气门杆放在水平台上,用高度尺测量气门杆的高度,看是否超出极限值,如图 2-19 所示。

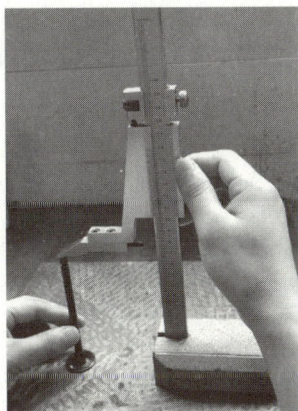

图 2-19  气门杆长度测量

②气门杆直径的检修:用外径千分尺测量气门杆的直径,看是否超出极限值。

③气门杆弯曲的检修:将气门支撑在水平面上的 V 形铁上,然后用百分表测量头接触气门杆的中间位置进行测量,看弯曲度是否超出极限值,如图 2-20 所示。

图 2-20　气门弯曲检测

注意:如存在上述任一问题,则需要更换气门。

### (三)气门座的构造与检修

#### 1.工作环境

①高温。

②高压。

③润滑条件差。

④腐蚀性强,高温燃气中具有腐蚀性气体存在。

#### 2.材料要求

①耐热,具有良好的导热性。

②在高温下仍然保持足够的硬度和强度,并耐冲击。

③耐磨、耐腐蚀。

大多数发动机气缸盖上的气门座都是通过一定的过盈把气门座圈压入气缸盖上的座孔里,气门座圈大都是由合金铸铁、粉末冶金或奥氏体钢制成的,也有些铸铁气缸盖不镶嵌气门座圈,而是直接在气缸盖上加工出气门座。

#### 3.气门座的构造

气门座的作用是与气门配合使气缸密封,它一般有两种形式:直接镗出式和镶嵌式。直接镗出式一般用在进气门侧,镶嵌式一般用在排气门侧。

气门座的锥角与气门锥角相适应。一般气门锥角要比气门座锥角小 0.5°~1°,其作用是使两者不以锥面的全宽度接触,增加密封锥面的接触压力,加速磨合,并能清除积垢,保持锥面的良好密封性。

#### 4.气门座的检修

气门座在加工时一般要用到三个气门座铰削刀,加工出如图 2-21 所示的三个环面,三个铰削刀依次为 15°角、45°角和 75°角,第三个环面的宽度必须是气门座所要求的宽度。其中,气门座铰刀是由多种不同直径、不同锥角的铰刀组成,可以根据不同的加工或维修需要进行选择。

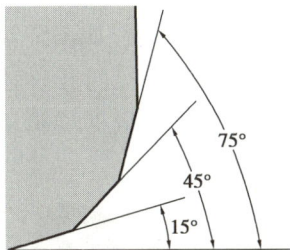

图 2-21　气门座加工角度

气门座的好坏主要通过检测气门座与气门的工作面环形宽度及位置来判断,可通过钢板尺或游标卡尺来测量(测量方法和测量气门相同)。当气门座未形成正常接触面或其接触面的宽度不符合要求时必须进行修理,可通过铰削、研磨和抛光等方法进行修理。

①铰削气门座,如图 2-22 所示,一般先粗铰后精铰。

图 2-22　气门铰削

粗铰:选择合适的铰刀,铰刀杆插入气门导管,用适当的力进行按压铰削。

精铰:粗铰完成后,在铰刀下面垫上细纱布进行细磨。

注意:在铰削时只能朝一个方向旋转(一般顺转),不能反转。

②研磨气门座:用捻子橡胶吸盘吸住气门顶,手持捻子手柄转动气门,研磨时,将先用粗的研磨砂进行研磨,后用细的研磨砂进行研磨,最后用汽油清洗干净。

另外,当气门座损坏,出现严重烧蚀、松动或下沉 2 mm 以上时等情况,就需要更换气门座,若气门座是在气缸盖上直接加工出来的,出现上述情况时则需要更换气缸盖。

## (四)气门弹簧的构造与检修

气门弹簧要承受交变载荷,要具有合适的刚度和足够的耐疲劳程度。通常气门弹簧采用高碳锰钢、铬钒钢等优质冷拔弹簧钢丝制造,并经热处理完成。另外在气门弹簧经过抛光或喷丸处理提高了其疲劳强度,为了防止锈蚀,在表面应进行镀锌、磷化或发蓝处理。

### 1.气门弹簧的构造

气门弹簧一般为等螺距圆柱形螺旋弹簧,如图 2-23 所示。气门弹簧的作用是保证气门关闭时与气门座贴合紧密,并克服在气门开启时配气机构产生的惯性力,使传动件始终受凸轮轴的控制而不相互脱离。同时弹簧的两端面必须磨光并与中心线垂直。

图 2-23　气门弹簧

当气门弹簧的工作频率与其固有的振动频率相等或为其整数倍数时,气门弹簧会发生共振,这样会对配气机构造成损坏。为了防止共振的发生,可采取下列结构措施。

• 双气门弹簧:安装两个直径不同、旋向相反的内、外气门弹簧,由于两个弹簧的频率不同,当一个弹簧发生共振时,另外一个弹簧起阻尼减震的作用,如图 2-24 所示。

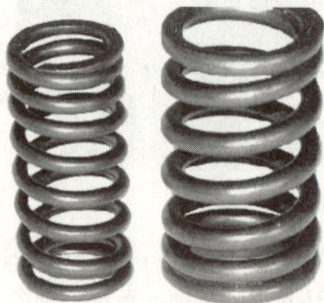

图 2-24　双气门弹簧

• 变螺距气门弹簧:变螺距气门弹簧的固有频率不是定值,可以变换,因此可以避免共振现象的发生,如图 2-25 所示。

图 2-25　变螺距气门弹簧

• 锥形气门弹簧:锥形弹簧的刚度和频率沿着弹簧轴线方向是变化的,因此也可以避免发生共振现象,如图 2-26 所示。

图 2-26　锥形气门弹簧

●气门弹簧阻尼器:一般用在等螺距圆柱形气门弹簧上,在其外加装弹簧阻尼器后可以避免发生共振。

## 2.气门弹簧的检修

气门弹簧常见的故障一般为弹力减弱、弹身歪斜、自由长度变短和断裂等现象。

①检测气门弹簧弹力:用专用仪器对弹簧施加压力,看在规定力的作用下,气门弹簧的高度(长度)是否符合标准,如图 2-27 所示。

②检测气门弹簧垂直度(弹身歪斜):如图 2-28 所示,看测量结果是否满足使用要求。

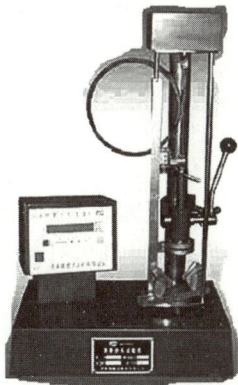

图 2-27　气门弹簧弹力测试仪

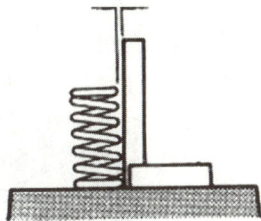

图 2-28　气门弹簧垂直度检测

③检测气门弹簧自由长度:如图 2-29 所示,看测量结果是否在规定值范围内。

图 2-29　气门弹簧自由长度检测

注意：气门弹簧一般不能进行维修，凡是检测结果超出了使用要求，就必须更换气门弹簧。

## 三、气门传动组零部件的拆装与检修

### （一）气门传动组的组成与拆装

#### 1.气门传动组的组成

由于气门的动力驱动方式及凸轮轴位置不同，因此气门传动组的零件组成也不同。气门传动组主要由凸轮轴、正时齿轮、挺柱、推杆、摇臂等组成，气门传动组有些有摇臂总成，有些没有，如图 2-30 所示。

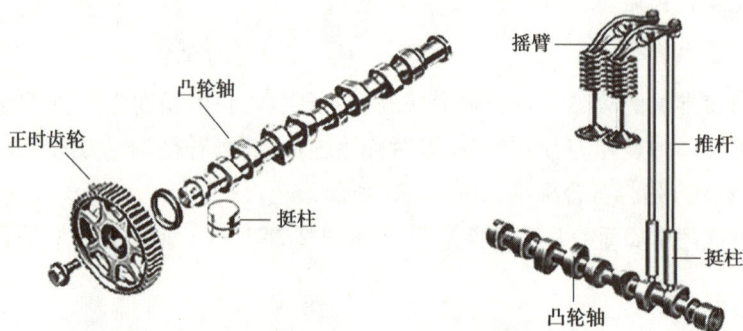

图 2-30　气门传动组的组成

#### 2.气门传动组的拆装

（1）气门传动组的拆卸步骤

①拆卸正时皮带：旋转曲轴确定好正时标记，然后松开张紧轮，取下正时皮带。

②拆卸凸轮轴正时齿轮：对好正时标记，拆下正时齿轮，如图 2-31 所示。

图 2-31　正时标记

③拆卸摇臂轴：用适当的工具把摇臂轴的固定螺钉由两边到中间分 2~3 次拧松，然后用木棒或者铜棒从一侧推出摇臂轴。

④拆卸摇臂和摇臂弹簧：把拆下的摇臂和摇臂弹簧按顺序摆放整齐。

⑤取下推杆或挺柱（有些发动机要先拆下凸轮轴，有些发动机没有推杆和挺柱）。

⑥取下凸轮轴:用适当的工具把轴承的固定螺钉由两边到中间分2~3次拧松,把拆下的凸轮轴放到支架上,并排放整齐(有些是直接在气缸盖上加工出轴承)。

⑦清洁气门传动组的零部件。

(2)气门传动组的安装步骤

①安装凸轮轴:对好正时标记,安装凸轮轴,对于进、排气分开的凸轮轴,一定要区分开,不能装反,然后按照从中间到两边的顺序分2~3次把轴承螺栓拧紧。

②安装挺柱或者推杆。

③安装摇臂总成:安装摇臂→安装摇臂弹簧→安装摇臂轴。

④安装摇臂轴固定螺栓:按照从中间到两边的顺序分2~3次拧紧。

⑤安装正时部分:对好标记,安装正时齿轮,然后按要求把正时皮带装上。

注意:操作时一定要注意安全,防止夹伤手指。

## (二)凸轮轴的构造与检修

### 1.凸轮轴的工作环境

凸轮轴要承受周期性的冲击载荷。凸轮与挺柱之间的接触应力很大,相对运动速度也很高,因此凸轮工作表面的磨损比较严重。在加工凸轮轴时,要求凸轮轴应该具有较高的尺寸精度、较小的表面粗糙度和足够的刚度,同时还应有较高的耐磨性和良好的润滑。

### 2.凸轮轴的材料要求

凸轮轴通常使用优质碳钢或合金钢锻造,也可用合金铸铁或球墨铸铁铸造,经热处理后磨光。

### 3.凸轮轴的构造

凸轮轴的作用主要用来为打开各个气缸的气门提供动力,并使各个气缸气门的运动状态符合发动机工作循环的要求,同时凸轮轴还为汽油泵、分电器和机油泵等提供动力。

根据凸轮轴的数目方式可以分为单凸轮轴和双凸轮轴。

①单凸轮轴:进气和排气气门控制都是由一根凸轮轴来实现的,如图2-32所示。

图2-32　单凸轮轴

②双凸轮轴:进气和排气气门控制是由两根凸轮实现的,具体分为进气凸轮轴和

排气凸轮轴,如图 2-33 所示。

图 2-33　双凸轮轴

　　注意:进气凸轮的升程和排气凸轮的升程是不一样的,一般进气凸轮的升程要大于排气的。

　　凸轮轴不但需要径向固定还需要进行轴向固定,防止发生轴向位移。一般轴向固定的方式有三种:轴肩固定、止推板固定和止推螺钉固定。

### 4.凸轮轴检修

　　①检查凸轮轴的外观:清洗干净凸轮轴,目视检查凸轮轴是否存在锈蚀、断裂、划伤和严重磨损等现象,如有上述情况出现则需要更换凸轮轴。

　　②检修凸轮轴的弯曲度:把清洗干净的凸轮轴放置在水平面的"V"形块上,用百分表接触其中间位置的轴颈,然后转动凸轮轴,测量其弯曲度,如图 2-34 所示。如果弯曲度超过了极限值,则需要进行冷压矫正或者更换。

图 2-34　凸轮轴弯曲度的检测

　　③检修凸轮的磨损:清洗干净凸轮轴,用合适的外径千分尺测量凸圆的高度(升程=凸轮高度-基圆直径),如图 2-35 所示。如果测量值超过了极限值则需要更换凸轮轴。

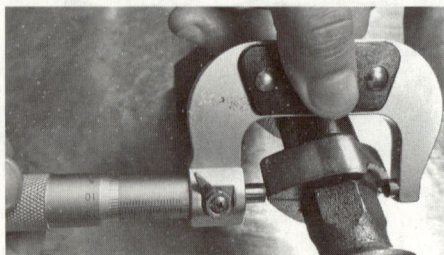

图 2-35　凸轮磨损的检测

④检修凸轮轴的轴向间隙：a.把清洗干净的凸轮轴装入气缸盖上,按规定力矩固定,用百分表接触凸轮轴的一个端面,然后前后推拉凸轮轴,测量轴向间隙,如图2-36所示。b.把清洗干净的凸轮轴装入气缸盖上,按规定力矩固定,用厚薄规测量轴向间隙。如果轴向间隙超过了极限值则需要更换垫片、螺钉或者凸轮轴。

图2-36 凸轮轴轴向间隙的检测

⑤检修凸轮轴的径向间隙：a.用塑料间隙规检测凸轮轴的径向间隙。如果径向间隙超过了极限值则需要更凸轮轴和。b.用外径千分尺测量凸轮轴的支承轴颈,然后用孔径表检查轴颈的孔径,由这些读数计算径向间隙。如果算出的径向间隙超过了规定极限,则更换凸轮轴和缸盖。

# 四、配气相位与气门间隙的检修

## (一)配气相位(配气定时)概述

### 1.配气相位的定义

配气相位是指发动机进、排气门开启时刻及其开启的持续时间,一般用曲轴转角来表示,它会影响发动机的动力性。

### 2.进、排气提前角和迟后角

(1)提前角

提前角是指从气门打开到上止点曲轴转过的角度。

进气提前的目的:在进气开始时气门就有较大的开度或通气断面,以减小进气阻力,使进气顺畅。

排气提前的目的:在排气门开启时气缸内有较高的压力,使废气能在极短的时间内以很高的速度自由排出。

(2)迟后角

迟后角是指从下止点到气门关闭曲轴转过的角度。

进气滞后的目的:充分利用气流的惯性,在进气迟后角内继续进气,以增加进气量。

进气滞后的目的:充分利用废气气流的惯性,在排气迟后角内继续排气,以减少气缸内的残余废气。

### 3.气门重叠

气门重叠是指由于进气门早开和排气门晚关,会导致活塞在上止点附近出现进、排气门同时打开的现象。

气门重叠角是指气门重叠期间曲轴转过的角度,它等于进气提前角与排气延后角之和。

注意:不同的发动机,由于结构和转速的不同,其配气相位也不相同。即使是同一台发动机,其配气相位也会随发动机转速的变化而变化。

## (二)气门间隙的检修

### 1.气门间隙的定义

发动机在冷态下,气门关闭状态时,气门与气门传动组之间所有间隙的总和就是气门间隙。

### 2.气门间隙的作用

气门间隙是用来防止气门杆受热膨胀后顶开气门而导致关闭不严。

气门间隙过大:导致气门开度不够,气流流通面不足,使进、排气不足。

气门间隙过小:导致气门关闭不严,密封性不好,从而使气缸漏气,发动机的功率下降,启动困难,甚至不能正常工作。

### 3.气门间隙的检修

①检测气门间隙:在冷车状态下,气门关闭的情况,分别用塞尺检测各个气门的气门间隙大小,看是否超出极限值。如果超出了极限值则需要进行调整,如图 2-37 所示。

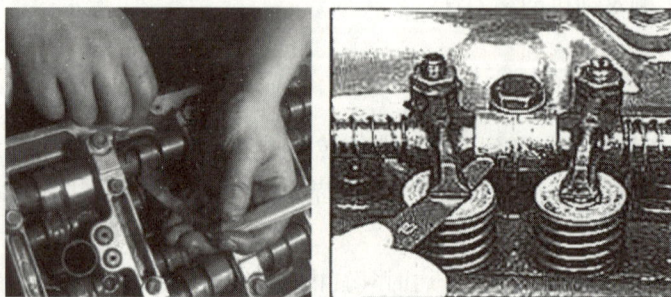

图 2-37　气门间隙的检测

②常用的调整气门间隙的方法有两种:逐缸调整法和"2"次调整法。

逐缸调整法:通过转动曲轴或者凸轮轴,先确定某一缸活塞处在压缩上止点的位置后(一般是 1 缸开始),然后对此缸进、排气门按照如图 2-38 所示方法进行调整。该缸调试妥当之后,根据气缸的点火顺序或做功顺序,摇转曲轴或凸轮轴,使下一个缸处于压缩上止点位置,然后按照上述方法继续调整其他各缸气门间隙。

图 3-38　气门间隙调整

　　"2"次调整法：通过转动曲轴两次，就可以把各个气缸的所有气门调整完毕，此方法口诀：双、排、不、进（以 4 缸发动机为例）。

　　注意：凸轮轴所转圈数是曲轴所转圈数的两倍；应按照各个缸的做功顺序进行调整；当上个缸调整完毕后曲轴需要转多少圈才能确保下个缸处于压缩上止点位置。

## 【任务实施】

| 任务名称 | | | |
|---|---|---|---|
| 班　级 | | 姓　名 | |
| 地　点 | | 日　期 | |
| 成　员 | | | |

# 一、任务准备

| 序号 | 配件名称 | 备　注 |
|---|---|---|
| 1 | 发动机拆装台架 | |
| 2 | 机械工具 | |
| 3 | 气门弹簧拆装套装 | |
| 4 | 量具 | |
| 5 | 维修手册 | 发动机机械系统 |

## 二、过程记录

| | 活动名称 | 任务要点记录 | 使用资源记录 | 本人角色 |
|---|---|---|---|---|
| 任务一 气门组 的拆装 与维修 | 1.气门的拆装与检修 | | | □安全员<br>□操作员<br>□记录员<br>□观察员 |
| | 2.气门座的拆装与检修 | | | □安全员<br>□操作员<br>□记录员<br>□观察员 |
| | 3.气门弹簧的拆装与检修 | | | □安全员<br>□操作员<br>□记录员<br>□观察员 |
| 任务二 气门传 动组的 拆装与 检修 | 1.气门传动组的拆装 | | | □安全员<br>□操作员<br>□记录员<br>□观察员 |
| | 2.凸轮轴的检修 | | | □安全员<br>□操作员<br>□记录员<br>□观察员 |
| 任务三 气门间 隙的 检修 | 1.配气相位 | | | □安全员<br>□操作员<br>□记录员<br>□观察员 |
| | 2.逐缸调整方法 | | | □安全员<br>□操作员<br>□记录员<br>□观察员 |
| | 3."2"次调整方法 | | | □安全员<br>□操作员<br>□记录员<br>□观察员 |

## 【评价与考核（1）】

**发动机气门机构的拆装与检修**

| 班　级 | | 选手姓名 | | 得　分 | |
|---|---|---|---|---|---|

# 一、检修内容

按维修规范要求完成：

◆进、排气凸轮轴的拆卸、组装；

◆全部气门挺柱的拆卸、组装；

◆对指定的一个气缸（　　）的两组进、排气门进行拆卸、组装；

◆对该气缸两组进、排气门中指定的其中一组（　　）进、排气门进行下列项目的检测；

◆填写《发动机气门机构的拆卸、检测和装配维修记录表》。

注意:（车型是科鲁兹）上面的顺序仅是整个维修需要完成的工作,不是实际的维修作业顺序。

# 二、检修记录单

1.气门外观目视检查（7分）（进行360°检查否决该项得分）

| 检查部位 | 座部位点蚀 | 头部余量厚度 | 杆部弯曲 | 杆部点蚀磨损 | 锁片槽磨损 | 杆顶端磨损 | 处理意见 |
|---|---|---|---|---|---|---|---|
| 进气门 | | | | | | | |
| 排气门 | | | | | | | |

注意:合格"√"或不合格"×"。

处理意见:正常或不正常,并给出维修方案（维修、更换、调整）。

2.气门长度检测（2分）

| 项　目 | 进气门 | 排气门 |
| --- | --- | --- |
| 测量值/mm | | |
| 结果判断及处理 | | |

3.气门头部直径检测（2分）

| 项　目 | 进气门 | 排气门 |
| --- | --- | --- |
| 测量值/mm | | |
| 结果判断及处理 | | |

注意：表2测量值保留小数点后2位；表3测量值保留小数点后3位。

处理意见：正常或不正常，并给出维修方案（维修、更换、调整）。

4.气门锥面上的接触面宽度（2分）

| 项　目 | 进气门 | 排气门 |
| --- | --- | --- |
| 测量值/mm | | |
| 结果判断及处理 | | |

5.气门座的接触面宽度测量（2分）

| 项　目 | 进气门 | 排气门 |
| --- | --- | --- |
| 测量值/mm | | |
| 结果判断及处理 | | |

注意：测量值保留不少于小数点后1位（根据使用量具而定）。

处理意见：正常或不正常，并给出维修方案（维修、更换、调整）。

6.进、排气门对气门座同心度检查（2分）

| 项　目 | 进气门 | 排气门 |
| --- | --- | --- |
| 检查情况 | | |
| 结果判断及处理 | | |

7.气门锥面位置检查（2分）

| 项　目 | 进气门 | 排气门 |
| --- | --- | --- |
| 检查情况 | | |
| 结果判断及处理 | | |

处理意见：正常或不正常，并给出维修方案（维修、更换、调整）。

## 三、检修评分表

| 序号 | 作业项目 | 考核内容 | 扣分说明(每栏内扣分值不得超过右侧分值) | 配分/分 | 扣分/分 |
|---|---|---|---|---|---|
| 1 | 维修准备 | 确认工具、量具、零件等 | □未检查确认工、量具扣 0.5 分<br>□未检查确认零件或辅料扣 0.5 分<br>□未检查翻转架转轮和固定情况扣 0.5 分 | 5 | |
| 2 | 拆卸凸轮轴及轴承盖 | 按照正确的顺序拆卸轴承盖螺栓,用橡胶锤轻轻敲打松开轴承盖,拆卸轴承盖 | □未按照顺序松开螺栓扣 0.5 分<br>□未用橡胶锤敲打扣 0.5 分<br>□未检查确认进排气凸轮轴轴承盖标记扣 1 分<br>□未按 2~3 次松开螺栓扣 1 分<br>□未按拆卸顺序松开螺栓扣 1 分 | 10 | |
| 3 | 拆卸气门挺柱 | 使用专用磁铁棒拆下进、排气门挺柱并摆放整齐 | □未使用磁铁棒专用工具拆下挺柱扣 2 分<br>□未按照规定位置摆放挺柱扣 1 分 | 10 | |
| 4 | 拆下指定的某一气缸的全部进、排气门组 | 选择专用工具拆卸某一气缸全部进、排气门 | □未按照指定的气缸进行拆卸操作扣 1 分<br>□混用气门拆装专用工具扣 1 分 | 10 | |
| | | 松开该气缸所有气门座圈 | □专用工具选择错误扣 1 分<br>□未用橡胶锤敲击气门座圈扣 1 分<br>□未用专用工具松开气门座圈扣 2 分(否决项) | | |
| | | 拆卸进、排气门组,并摆放整齐 | □未佩戴护目镜(或眼镜)扣 2 分<br>□未正确调整和使用气门弹簧及拆装工具扣 1 分<br>□未按照规定位置摆放气门组件扣 1 分<br>□拆卸时损坏或遗失气门锁片扣 2 分 | | |
| | | 调整专用工具并拆下气门油封 | □未调整拆油封专用工具扣 1 分<br>□拆卸油封后未妥善处置扣 1 分 | | |

续表

| 序号 | 作业项目 | 考核内容 | 扣分说明（每栏内扣分值不得超过右侧分值） | 配分/分 | 扣分/分 |
|---|---|---|---|---|---|
| 5 | 检测气门 | 进、排气门的外观检查 | □检查前未使用吸油纸清洁气门扣1分<br>□未测气门座部位(锥面)点蚀扣1分<br>□未测气门余量厚度检查扣1分<br>□未测气门杆弯曲扣1分<br>□未测气门杆点蚀或严重腐蚀扣1分<br>□未测气门锁片槽磨损扣1分<br>□未测气门杆顶端磨损扣1分<br>□检查时没有旋转360°扣0.5分 | 20 | |
| | | 进、排气门的长度测量 | □未清洁测量用平台扣0.5分<br>□未清洁高度尺上与平台的接触面扣0.5分<br>□未清洁高度尺测量端面扣0.5分<br>□高度尺与测量平台未做校零检查扣0.5分<br>□高度尺与气门测量位置不正确扣0.5分<br>□未锁紧卡尺固定螺丝就读数扣0.5分<br>□读取高度尺数值时眼睛与标尺不平行扣1分<br>□未使用高度尺进行测量扣4分(否决项) | | |
| | | 进、排气门头部的直径测量 | □检测前未清洁外径千分尺测量端扣1分<br>□外径千分尺未做校零检查扣1分<br>□检测时棘轮没有转动2~3响扣1分<br>□没有确认气门头部最大直径位置扣1分 | | |
| | | 进、排气门座接触面的宽度测量 | □测量气门座圈上接触面位置错误一次扣1分<br>□游标卡尺或钢板尺与接触印痕不垂直一次扣1分 | | |
| | | 进、排气门锥面接触面的宽度测量 | □红印油涂抹不均匀或有颗粒状红印油一次扣1分<br>□使用钢板尺或游标卡尺测量位置(与接触印痕不垂直)不正确一次扣1分 | | |
| | | 进、排气门对气门座的同心度检查 | □转动气门时没有施加压力扣1分<br>□转动超过45°扣1分<br>□检查气门锥面上接触印痕是否有中断时,没有转动气门360°观察扣1分 | | |
| | | 气门与气门座接触面的位置检查 | □红印油涂抹不均匀或有颗粒状红一次扣1分<br>□未仔细观察接触面上下边距离一次扣1分 | | |
| 6 | 清洁零部件 | 使用气枪或吸油纸清洁零配件 | □未按要求清洁全部(有漏项)零件扣1分<br>□未清洁零配件扣2分(否决项) | 5 | |

续表

| 序号 | 作业项目 | 考核内容 | 扣分说明(每栏内扣分值不得超过右侧分值) | 配分/分 | 扣分/分 |
|---|---|---|---|---|---|
| 7 | 装配进、排气门组 | 使用合适的专用工具将气门油封装入气门导管 | □未润滑气门油封扣1分<br>□装气门油封专用工具选择不当扣1分<br>□未使用橡胶榔头敲入气门油封扣1分 | 10 | |
| | | 佩戴护目镜,使用气门拆装专用工具装配该气缸的全部进、排气门组 | □未佩戴护目镜(或眼镜)扣1分<br>□未使用机油润滑气门杆端部扣2分<br>□混用气门拆装专用工具扣1分<br>□装配时损坏或遗失气门锁片扣2分 | | |
| 8 | 装配气门挺柱 | 使用专用(磁棒)工具逐一装入气门挺柱 | □未润滑气门挺柱扣1分<br>□未使用磁棒专用工具安装挺柱扣1分<br>□气门挺柱安装位置错误扣3分(否决项) | 5 | |
| 9 | 安装进、排气凸轮轴 | 安装凸轮轴,按照装配顺序、规定扭矩紧固凸轮轴 | □未清洁轴承座螺栓孔和轴承座,一项扣1分<br>□未润滑轴承座或轴承盖,一项扣1分<br>□未检查凸轮轴轴承盖顺序,扣1分<br>□未用手拧入螺栓至少一圈,扣1分<br>□未按顺序和扭矩上紧螺栓,扣2分<br>□轴承盖安装位置错误扣3分(否决项) | 10 | |
| 10 | 作业后整理 | 工作台,工、量具和专用工具 | □工、量具未归位扣1分<br>□未将用过的清洁布等放入垃圾桶扣1分<br>□其他使用过的物品未复位或未整理扣1分 | 5 | |
| 11 | 维修手册使用 | 工作过程中关键尺寸应使用维修手册确认标准 | □全程未使用扣3分<br>□一项未使用扣1分<br>□查阅维修手册,确认标准值不扣分扣1分 | 5 | |
| 12 | 作业规范 | 按规定流程和方法进行作业 | □作业流程不当,步骤颠倒,扣2分<br>□不规范操作,工具使用不当等,每次扣1分 | 5 | |
| 13 | 安全和7S | 整个工作过程中的安全与7S | □工作中工、量具混放扣1分<br>□工具跌落1次扣2分<br>□零件损坏或跌落扣2分<br>□未整理、整顿扣1分<br>□未清理、清洁扣1分<br>□不注意素养、节约扣1分<br>□不注意安全扣1分 | 5 | |
| 14 | 维修工单 | 工单填写 | □参考维修工单和记录表填写内容 | 5 | |
| 合计 | | | | 100 | |
| 备注:每项扣分不超过最大配分数 | | | | | |

## 【评价与考核（2）】

汽车发动机凸轮轴的拆装与检修

| 班　级 | | 选手姓名 | | 得　分 | |
|---|---|---|---|---|---|

# 一、检修内容

> 按维修规范要求完成：
>
> ◆JL465 发动机凸轮轴的拆卸、组装；
> ◆对该凸轮轴指定位置进行不同项目的检测：
> ◆填写《汽车发动机凸轮轴检修工单》。

# 二、检修记录单

| 项　目 | 进气凸轮轴 | 排气凸轮轴 |
|---|---|---|
| 外　观 | | |
| 轴颈直径<br>标准：_____ | | |
| 失圆度<br>标准：_____ | | |
| 升程量<br>进气凸轮标准：_____<br>排气凸轮标准：_____ | | |
| 是否合格 | | |
| 处理意见： | | |

## 三、检修评分表

| 序号 | 作业项目 | 考核内容 | 评分标准 | 配分/分 | 扣分/分 |
|---|---|---|---|---|---|
| 1 | 作业安全职业操守 | 能进行工位 7S 操作 | □整理、整顿(1 分)<br>□清理、清洁(1 分)<br>□素养、节约(1 分)<br>□安全(2 分) | 10 | |
| | | 能进行设备和工具安全检查 | □检查作业所需要的工具设备是否完备(1 分)<br>□检查作业环境是否配备灭火器(1 分) | | |
| | | 能进行工具清洁校准存放操作 | □使用工具前对工、量具进行校准(1 分)<br>□使用工具后对工、量具进行清洁(1 分)<br>□作业完成后对工具进行复位(1 分) | | |
| 2 | 拆卸凸轮轴 | 对好正时标记或做好正时标记,能正确拆卸凸轮轴 | □旋转曲轴或凸轮轴确定正时标记(3 分)<br>□能正确说出对正时的目的(3 分)<br>□正确拆下正时齿轮并摆放整齐(3 分)<br>□从两边到中间分 2~3 次预松螺栓,拆下轴承盖,并摆放整齐(3 分)<br>□取下凸轮轴放置在 V 形铁上(3 分) | 15 | |
| 3 | 清洁及目视检查 | 清洁到位及外观检查 | □检查轴承盖及螺栓是否损伤(5 分)<br>□凸轮轴外观检查(5 分)<br>注意:一定是先清洁后检查 | 10 | |
| 4 | 测量 | 测量轴颈、凸圆高度 | □指定凸轮轴轴径测量并记录(10 分)<br>□指定凸轮轴凸轮高度测量并记录(10 分)<br>□失圆度(弯曲度)测量(10 分)<br>注意:测量位置错误扣完 | 30 | |
| 5 | 安装凸轮轴 | 按照维修手册规范安装凸轮轴 | □先安装排气凸轮轴(3 分)<br>□按顺序安装轴承盖(3 分)<br>□螺栓从中间开始安装,有分次紧固意识,先用手拧紧,防止拧滑丝(3 分)<br>□在凸轮轴轴径上涂抹润滑油(3 分)<br>□对螺栓打扭力(3 分) | 15 | |

续表

| 序号 | 作业项目 | 考核内容 | 评分标准 | 配分/分 | 扣分/分 |
|---|---|---|---|---|---|
| 6 | 工、量具使用 | 规范整理工、量具 | □量具使用之前是否清洁(2分)<br>□量具清洁后是否有校零/检查动作(2分)<br>□量具使用后是否归零、清洁(2分)<br>□工具使用是否错误(棘轮扳手用力方向错误套筒选择错误)(2分)<br>□工具使用后是否清洁复位(2分) | 10 | |
| 7 | 符合7S规范 | 安全规范文明操作 | □清洁工作台、整理工位(2分)<br>□零件是否掉落(2分)<br>□安全(2分)<br>□精神文明(2分)<br>□动作是否熟练(2分) | 10 | |
| 合计 | | | | 100 | |

## 【实训报告单】

| 实训报告单 | | | | | |
|---|---|---|---|---|---|
| 科　目 | | 班　级 | | 学生姓名 | |
| 实训项目 | | | | | |
| 实训任务 | | | | | |
| 实训器材 | | | | | |
| 实训内容 | | | | | |
| 体会或建议 | | | | | |
| 实训结果 | 自评_____　　互评_____　　师评_____ | | | | |

指导教师_____　　　　　　　　　时间_____

【作业】

**一、填空题**

1.配气机构的作用是按照发动机的_____和_____的要求,定时开启和关闭各缸的进、排气门,使_____,从而配合发动机各个缸完成进气、压缩、做功和排气工作行程。

2.发动机配气机构是由_____和_____两部分组成。

3.发动机配气机构按曲轴和凸轮轴之间的传动方式分为_____、_____和_____。

4.配气相位是指发动机进、排气门_____及其_____,一般用_____来表示。

5.发动机在冷态下,气门关闭状态时,_____与_____之间所有间隙的_____称为气门间隙。

**二、选择题**

1.曲轴正时齿轮与凸轮轴正时齿轮的传动比是(    )。
　　A.1∶1　　　　　　　B.1∶2　　　　　　　C.1∶3　　　　　　　D.2∶1

2.调整气门间隙的常用方法有(    )。
　　A.1 种　　　　　　　B.2 种　　　　　　　C.3 种　　　　　　　D.4 种

3.下列不属于配气机构的是(    )。
　　A.正时皮带　　　　　B.气门　　　　　　　C.气门弹簧　　　　　D.连杆

4.一般进气门的气门锥角要比排气门的气门锥角(    )。
　　A.大　　　　　　　　B.相等　　　　　　　C.小　　　　　　　　D.可大可小

5.以下不属于气门传动组的是(    )。
　　A.气门导管　　　　　B.凸轮轴　　　　　　C.摇臂轴　　　　　　D.挺柱

**三、思维拓展**

1.进、排气门为什么要早开晚闭?

2.如何根据凸轮轴转角来确定发动机工作顺序(4缸)?

# 项目三 | 发动机气缸盖的拆装与检修

## 【项目描述】

小李在某4S店工作,今天接待了一辆需维修的汽车,检测后发现汽车的动力性变差和油耗变高。通过对气缸压力的检测,发现其测试值低于技术要求。从火花塞孔向气缸注入少量机油对气缸压力进行复检时,所测的气缸压力值与第一次相近,表明是进、排气门或气缸衬垫的密封性变差,因此需要对气缸盖等进行解体检测。那么,你知道该如何安全、规范地对发动机气缸盖进行拆装与检修吗?

## 【项目内容】

| 任务名称 | 主要内容 |
|---|---|
| 任务一 发动机气缸盖的拆装 | ①气缸盖的构造及作用<br>②气缸盖的拆卸<br>③气缸盖的安装 |
| 任务二 发动机气缸盖的检修 | ①掌握检测气缸盖的方法<br>②对检测结果进行分析<br>③检修时的注意事项 |

## 【项目目标】

①能理解汽车发动机气缸盖的组成、各部分的名称、作用及工作原理。

②能熟练掌握发动机气缸盖拆装与检修时常用的、专用的维修工、量具的使用方法。

③能够熟练掌握发动机气缸盖的拆装与检修方法。

④在操作过程中,树立学生常备不懈的安全操作意识,培养学生踏实、肯干、肯钻研的工作态度和良好的岗位职责意识。

⑤能对实训后的垃圾进行合理分类,具有环保意识。

【知识储备】

# 一、气缸盖概述

## （一）气缸盖

气缸体和气缸盖是发动机的支架,是曲柄连杆机构、配气机构和发动机各系统主要零部件的装配基体。气缸盖是用来封闭气缸顶部的,并与活塞顶和气缸壁一起形成燃烧室。另外,气缸盖和气缸体内的水道、油道及油底壳又分别是冷却系统和润滑系统的组成部分。

### 1.气缸盖的工作环境

由于接触温度很高的燃气,气缸盖所承受的热负荷很大。

### 2.气缸盖的材料要求

气缸盖一般由灰铸铁、合金铸铁、铝合金等材料铸成,如图3-1所示。

铸铁气缸盖　　　　　　　　　铝合金气缸盖

图3-1 （整体式）气缸盖

### 3.气缸盖的构造

气缸盖上有冷却水道、燃烧室、气门道、气门导管孔、气门座、火花塞孔（汽油机）和喷油器座孔等。在实际应用中,气缸盖和气缸垫共同起到密封气缸的作用,如图3-2所示。

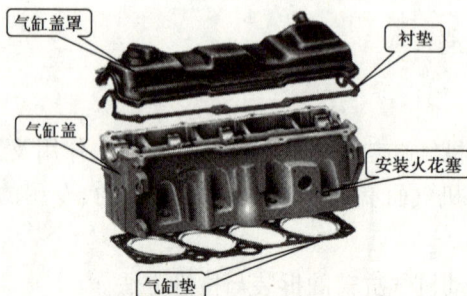

气缸盖罩　　　衬垫　　　气缸盖　　　安装火花塞　　　气缸垫

图3-2 气缸盖、气缸垫和气缸盖罩的结构

### 4.气缸盖的分类

气缸盖有3种结构:整体式、分体式和单体式。

- 整体式气缸盖:是指多缸发动机的整列气缸共用一个气缸盖。整体式气缸盖一般用于缸径小于 110 mm 的小型发动机,优点是结构紧凑,可缩短气缸中心距,缺点是刚度小,制造、维修不便。

●分体式气缸盖:是指在多缸发动机的整列气缸中,分为二缸一盖或三缸一盖。分体式气缸盖一般用于缸径大于 110 mm 且小于 150 mm 的发动机。

●单体式气缸盖:是指多缸发动机每缸用一个气缸盖。单体式气缸盖刚度大,制造、修理方便,备件存储比较优越,但缸心距较大,且要用专门的回水管回流气缸盖冷却液,故结构复杂。缸径大于 150 mm 的发动机多采用单体式气缸盖,风冷发动机均采用单体式气缸盖。

### (二)气缸垫

气缸垫是为了保证结合面的密封,防止燃气、冷却水、润滑油发生窜漏,如图 3-3 所示。

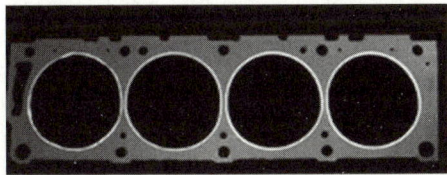

图 3-3　气缸盖垫

#### 1.气缸垫的工作环境

气缸垫的工作环境较差,一般工作在高温、高压的环境中,所以要求气缸垫具有耐热、耐腐蚀性,并能重复使用。

#### 2.气缸垫的材料要求

制作气缸垫的材料要有一定的弹性,能补偿接合面的不平,以确保密封性,同时要有好的耐热性和耐压性,在高温、高压下不烧损、不变形,拆装方便,能重复使用,寿命长。

目前应用的气缸垫结构大致有金属-石棉垫、纯金属垫等几种。

## 二、气缸盖的拆装与检修

### (一)气缸盖的拆卸

①取下气门室罩盖压条,拆下气门室罩盖。

②拧下 10 颗缸盖紧固螺栓,拆下气缸盖,如图 3-4 所示。

注意:拆卸螺栓时应从两端到中间、交叉预松,分 3 次卸下螺栓。

③取下气缸垫。

注意:取下气缸垫的时候要做好正反标记。

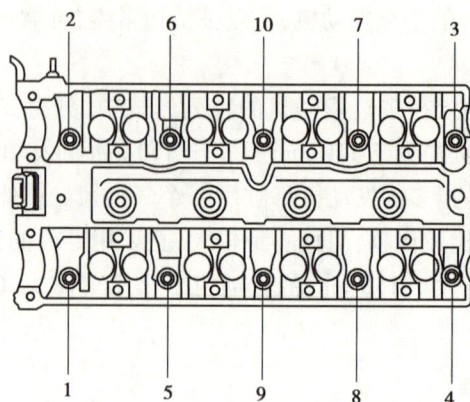

图 3-4 气缸盖的拆卸螺栓顺序

## （二）气缸盖的安装

①清洁气缸盖底部与活塞顶部。

注意：用专用工具铲掉气缸盖底部与活塞顶部的积碳并用干净的抹布擦拭干净。

②安装好气缸垫。

注意：安装气缸垫时要注意正反顺序不能装反。

③安装气缸盖。

注意：安装气缸盖时一定要定位，不能装反。

④按顺序安装气缸盖螺栓，并按规定力矩拧紧，如图 3-5 所示。

注意：拆卸螺栓时应从中间到两端、交叉预紧，并且分 3 次拧紧。

⑤安装气门室罩和压条。

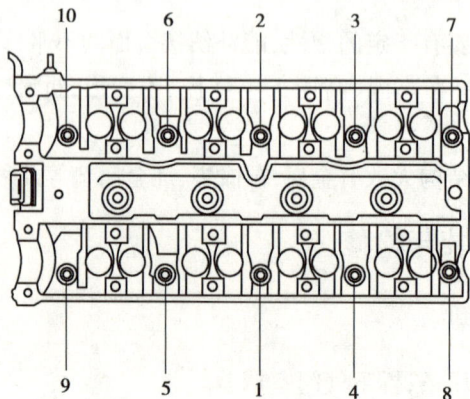

图 3-5 气缸盖的安装螺栓顺序

小贴士

气缸盖安装注意事项:气缸盖螺栓要按维修手册规定的气缸盖螺栓力矩要求,分几次拧紧至规定值。铝合金气缸盖在冷态下按规定力矩拧紧即可,铸铁气缸盖应在热态下再复紧一遍。气缸盖应在冷态时拆卸,安装过程中不能碰擦下平面,以免平面损伤。

## (三)气缸盖损伤分类

### 1.变形(翘曲变形)

拆装气缸盖不当,如未按气缸盖螺栓规定的顺序和力矩进行操作易导致气缸盖变形。

翘曲变形的危害:冷却液或机油渗漏进气缸,影响混合气的正常燃烧,使积碳增多,对气缸壁、活塞、活塞环和气门产生腐蚀作用;发动机的高温、高压气体串入冷却系,造成水压升高,出现沸腾现象,大量的蒸汽向外漏,其结果造成发动机无法正常工作,还会导致气缸垫的损坏。

### 2.裂纹

气缸盖的裂纹大多是由于使用养护不当所致,如长时间在高负荷、高温下工作,或在高温下骤加冷水,从而产生过大的热应力导致;或是在冬季时因未加防冻液,夜间停车又未放水而造成冻裂等。

不同机型的气缸盖发生裂纹的部位并不一致,但大多发生在水套壁较薄处,或在工作过程中应力(尤其是热应力)比较集中的部位,如气缸盖两气门座之间。

## (四)气缸盖的平面度检测

①清洁气缸盖、塞尺和刀口尺等。

②把刀口尺轻轻放在气缸盖的检测部位进行检测,检测部位如图3-6所示。

气缸盖下部检测　　　　气缸盖进气侧检测　　　　气缸盖排气侧检测

图3-6　气缸盖检测位置图

③检测刀口尺与测量面之间的漏光度(光隙值),当间隙足够大时选择适当的塞尺检测间隙大小并记录。

④清洁气缸盖和使用过的工、量具并将其归位。

⑤查找维修手册,当检测值(平面度)超过了使用极限时需要对气缸盖进行维修或更换。

**小贴士**

注意事项：

①选用与被测工件长度相适应的刀口尺。

②刀口尺使用时不得碰撞，应确保棱边的完整性。

③测量时刀口尺应倾斜于气缸体一定的角度。

④刀口测量面不得有划痕、碰伤、锈蚀等缺陷，表面应清洁光亮。

⑤使用刀口尺时，手应握持护板或把柄，避免温度对其产生影响；刀口尺一般可用一只手操作，大规格的三、四棱尺要用两只手操作。

⑥使刀口尺的工作棱边轻轻与被测面接触，凭刀口尺的自重使其工作棱边与被测面紧密接触。

⑦在测量数据中取其最大间隙即为该工件的直线度或平面度误差。

⑧使用塞尺测量时，应根据间隙的大小，从小到大选择厚度，可以一片或数片重叠在一起插入间隙内，插入深度一般在 20 mm 左右。

## 【任务实施】

| 任务名称 | | | |
|---|---|---|---|
| 班　级 | | 姓　名 | |
| 地　点 | | 日　期 | |
| 成　员 | | | |

# 一、任务准备

| 序号 | 配件名称 | 备　注 |
|---|---|---|
| 1 | 发动机拆装台架 | |
| 2 | 量具 | |
| 3 | 32件套 | |
| 4 | 扭力扳手 | |
| 5 | 维修手册 | 发动机机械系统 |

## 二、过程记录

| 活动名称 | | 任务要点记录 | 使用资源记录 | 本人角色 |
|---|---|---|---|---|
| 气缸盖的拆装 | 拆卸气缸盖 | | | □安全员 □操作员 □记录员 □观察员 |
| | 安装气缸盖 | | | □安全员 □操作员 □记录员 □观察员 |
| 气缸盖的检修 | 检测气缸盖 | | | □安全员 □操作员 □记录员 □观察员 |
| | 结果处理 | | | □安全员 □操作员 □记录员 □观察员 |

## 【评价与考核】

### 汽车发动机气缸盖的拆装与检修

| 班　级 | | 选手姓名 | | 得　分 | |
|---|---|---|---|---|---|

# 一、维修内容

按维修规范要求完成：
- ◆ JL465 发动机气缸盖的拆卸、组装；
- ◆ 对该气缸盖指定位置进行的检测；
- ◆ 填写《汽车发动机气缸盖检修工单》。

# 二、维修记录单

| 位　　置 | | 测量点 1 | 测量点 2 | 测量点 3 | 测量点 4 | 测量点 5 | 平面度 |
|---|---|---|---|---|---|---|---|
| 气缸盖下部 | 横向 1 | | | | | | |
| | 横向 2 | | | | | | |
| | 纵向 1 | | | | | | |
| | 纵向 2 | | | | | | |
| | 对角线 1 | | | | | | |
| | 对角线 2 | | | | | | |
| 进气侧 | 对角线 1 | | | | | | |
| | 对角线 2 | | | | | | |
| 排气侧 | 对角线 1 | | | | | | |
| | 对角线 2 | | | | | | |
| 结果判定 | | | | | | | |

## 三、维修评分表

| 序号 | 作业项目 | 考核内容 | 评分标准 | 配分/分 | 扣分/分 |
|---|---|---|---|---|---|
| 1 | 作业安全 | 能进行工位 7S 操作 | □整理、整顿(1分)<br>□清理、清洁(1分)<br>□素养、节约(1分)<br>□安全(1分) | 4 | |
| | | 能进行设备和工具安全检查 | □检查作业所需要的工具设备是否完备(2分)<br>□检查作业环境是否配备灭火器(2分)<br>□检查工位情况是否正常(2分) | 6 | |
| | | 能进行安全用电操作 | □作业过程中做到远离油液(2分)<br>□正确连接实训供电设备(2分)<br>□正确操作用电设备(1分) | 5 | |
| | | 能进行工具清洁校准存放操作 | □使用工具前对工、量具进行校准(2分)<br>□使用工具后对工、量具进行清洁(2分)<br>□作业完成后对工具进行复位(1分) | 5 | |
| 2 | 气缸盖拆卸 | 拆卸螺栓顺序 | □能按照正确的顺序拆卸,拆错一次扣2分 | 10 | |
| | | 使用扭力扳手预松 | □能使用正确的扭力扳手预松(10分) | 10 | |
| | | 规范化操作 | □无磕碰,无零件工具等掉落(5分) | 5 | |
| 3 | 平面度测量 | 刀口尺的使用 | □正确使用刀口尺(5分) | 5 | |
| | | 厚薄规的使用 | □正确选取厚薄规(2分)<br>□正确使用厚薄规(8分) | 10 | |
| | | 选取正确的点位和顺序测量 | □选取正确的点位测量(5分)<br>□按照正确顺序测量(5分) | 10 | |
| | | 数据记录 | □准确记录数据(5分) | 5 | |
| 4 | 气缸盖安装 | 紧固螺栓顺序 | □正确按照顺序紧固(10分) | 10 | |
| | | 使用预置式扭力扳手 | □正确调整预置式扭力扳手值(5分)<br>□正确使用预置式扭力扳手(一次到位)(5分) | 10 | |
| | | 规范化操作 | □无工具、零件掉落(3分)<br>□使用完预置式扭力扳手后归零(2分) | 5 | |
| | | 合计 | | | 100 | |

## 【实训报告单】

| 实训报告单 | | | | |
|---|---|---|---|---|
| 科　目 | | 班级 | | 学生姓名 |
| 实训项目 | | | | |
| 实训任务 | | | | |
| 实训器材 | | | | |
| 实训内容 | | | | |
| 体会或建议 | | | | |
| 实训结果 | 自评_____　　互评_____　　师评_____ | | | |

指导教师_____　　　　　　时间_____

【作业】

**一、填空题**

1.刀口尺可与厚薄规配合,测量零件的直线度或_____误差。

2.气缸垫的材料要有一定的_____,能补偿接合面的不平度,以确保密封。

3.选用与被测工件_____相适应的刀口尺。

4.缸盖作用是密封气缸的_____与活塞、气缸等共同构成燃烧室。

5.水冷式气缸盖有 3 种结构形式:整体式、_____和单体式。

**二、选择题**

1.汽车发动机缸盖材料一般不使用(　　)。

　　A.灰铸铁　　　　　　B.合金铸铁　　　　　　C.铝合金　　　　　D.铜

2.安装缸盖时,按照维修手册规定力矩紧固螺栓一般使用(　　)。

　　A.呆扳手　　　　　　B.活动扳手　　　　　　C.预置式扭力扳手　D.都可以

3.用于在发动机缸体与缸盖之间保证结合面的密封,防止燃气、冷却水、润滑油发生窜漏的是(　　)。

　　A.缸盖垫　　　　　　B.缸盖罩　　　　　　　C.活塞　　　　　　D.以上都是

4.(　　)是用来封闭气缸顶部,并与活塞顶和气缸壁一起形成燃烧室的。

　　A.缸盖罩　　　　　　B.气缸盖　　　　　　　C.油底壳　　　　　D.气门室盖

**三、思维拓展**

气缸盖在什么情况下可能出现裂纹? 为什么出现裂纹一般选择更换?

# 项目四｜发动机活塞连杆组的拆装与检修

## 【项目描述】

小李在某 4S 店工作，今天接待了一辆需维修的汽车，该车行驶里程不到 7 万千米，发动机技术状态良好。最近发现该车装满机油后只行驶 200 km，机油就没有了，最终判定应该是活塞环可能存在一定问题，因此需要对活塞连杆组进行解体检修。那么，你知道该如何安全、规范地对发动机活塞连杆组进行拆装与检修吗？

## 【项目内容】

| 任务名称 | 主要内容 |
|---|---|
| 任务一　活塞连杆组的拆装 | ①活塞连杆组的构造及作用<br>②活塞连杆组的拆卸方法<br>③活塞连杆组的安装方法<br>④活塞连杆组拆装时的注意事项 |
| 任务二　活塞的检修 | ①活塞直径的测量<br>②活塞环背隙的测量<br>③活塞环侧隙的测量<br>④活塞环端隙的测量<br>⑤活塞检修时的注意事项 |

## 【项目目标】

①掌握活塞连杆组的结构。

②学会拆装活塞连杆组。

③学会检测活塞连杆组。

④掌握发动机活塞连杆组拆装与检修时常用的、专用的维修工、量具和设备的使用方法。

⑤具有环保意识，能对实训后的垃圾进行合理分类。

⑥树立常备不懈的安全意识，养成良好的工作习惯。

【知识储备】

# 一、活塞连杆组概述

## 1.活塞连杆组的作用

活塞连杆组是将活塞的往复运动变为曲轴的旋转运动,同时将作用于活塞上的力转变为曲轴对外输出转矩,以驱动汽车车轮转动。它是发动机的传动件,是把燃烧气体产生的压力传递给曲轴,使曲轴旋转并输出动力。

## 2.活塞连杆组的组成

活塞连杆组主要由活塞、活塞环(两道气环、一道油环)、活塞销、连杆、连杆盖及连杆轴瓦等组成,如图4-1所示。

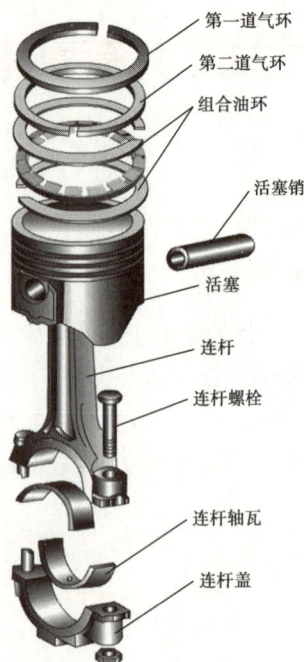

图 4-1　活塞连杆组

# 二、活塞连杆组的拆装和维修

## (一)活塞连杆组的拆卸步骤

①旋转台架是将发动机朝上放置,按照一、四、二、三缸(或者二、三、一、四缸)的顺序进行拆卸。

②查看连杆盖和杆身上是否有拆装标记,如没有标记应做缸号标记,如图4-2所示。

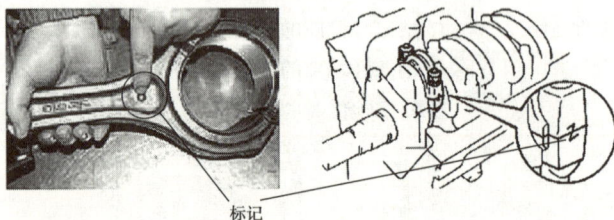

图 4-2　拆装标记

③转动曲轴,调整活塞位置使一、四缸(或者二、三缸)活塞处于下止点,如图4-3所示。

图 4-3　下止点位置

④拆卸连杆盖螺栓,如图 4-4 所示。

注意:拆卸螺栓时要分 2~3 次进行预松,同时要注意螺栓拆卸方向(顺时针紧、逆时针松)。

⑤取出连杆盖和连杆下轴瓦,并摆放整齐,如图 4-5 所示。

图 4-4　拆卸连杆螺栓

图 4-5　取出连杆盖

⑥套上连杆螺栓护套,如图 4-6 所示,然后一只手用木棒或铜棒在适当的位置缓慢将连杆推出,如图 4-7 所示,为了防止零部件掉落,另外一只手应同时接住活塞连杆组并取出。

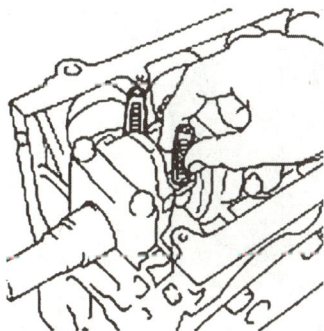

图 4-6　安装螺栓保护套

图 4-7　推出活塞连杆组

⑦取下连杆螺栓护套,取下连杆上轴瓦,并摆放整齐。

⑧按上述同样方法依次拆卸第四缸、第二缸、第三缸活塞连杆组,并将拆下的各缸活塞连杆组按缸号顺序摆放整齐,如图 4-8 所示。

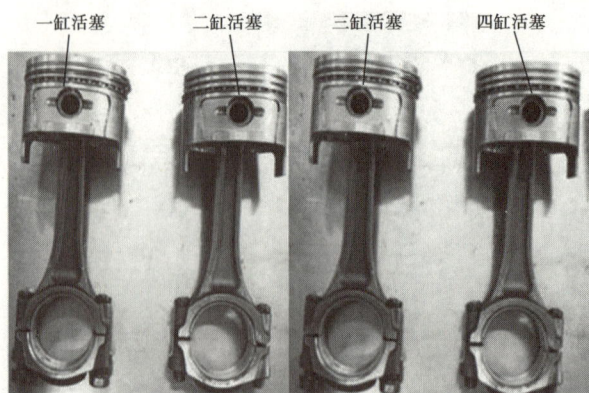

一缸活塞　　二缸活塞　　三缸活塞　　四缸活塞

图 4-8　拆下各个缸活塞连杆组

⑨用活塞环钳拆下各个活塞上的活塞环,如图 4-9 所示,并按相应的顺序摆放整齐。

注意:拆卸活塞环时,应采取从上到下的顺序进行拆卸,用手拆下油环,同时注意活塞环上的朝上标记。

图 4-9　拆卸活塞环

## (二)活塞连杆组的安装步骤

①清洗活塞连杆组,用吸油纸或吹枪清洗活塞连杆组各部件及气缸,如图 4-10 所示。

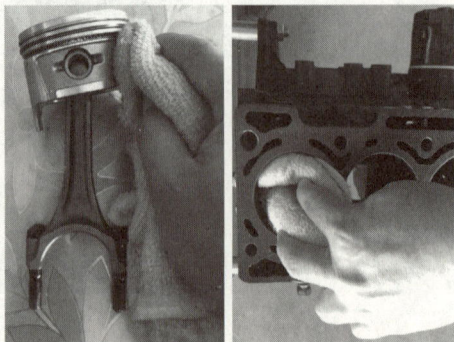

图 4-10　清洁活塞连杆组和气缸

②组装活塞环,用活塞环钳安装两道气环,用手(活塞环钳)安装油环,如图 4-11

所示。

图 4-11　安装活塞环

注意：

a.活塞环在安装时，第一、二道气环不能装反，活塞环上的朝上标记要正确，如图 4-12 所示。

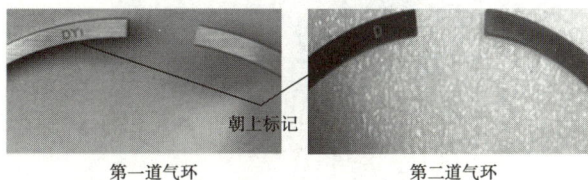

朝上标记

第一道气环　　　　　　　　　第二道气环

图 4-12　活塞环标记

b.活塞环安装时，要求第一道活塞环的开口错开活塞压力大的一面及活塞销方向，第二道活塞环的开口要和第一道错开 180°。刮油环一般先安装中间的撑环，再安装上下两个刮油环，并且两个刮油环的开口也要错开 180°，如图 4-13 所示。

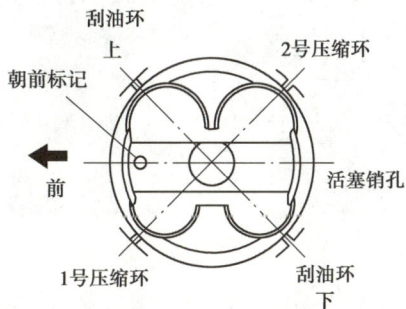

图 4-13　活塞环开口安装位置方向

③安装连杆轴瓦。安装连杆轴瓦前一定要清洁、润滑，同时各个轴瓦的安装顺序不能搞混。

④安装连杆螺栓护套，如图 4-14 所示。

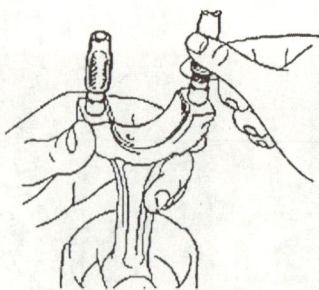

图 4-14　安装护套

⑤旋转曲轴使第一缸、第四缸（或者第二缸、第三缸）处于下止点位置，旋转台架使气缸体朝上，如图 4-15 所示。

图 4-15　发动机台架

⑥润滑活塞环、活塞裙部、活塞销、连杆轴承及缸体等，旋转各道活塞环，使环槽内机油的布置尽可能均匀（保证活塞环开口位置不变），如图 4-16 所示。

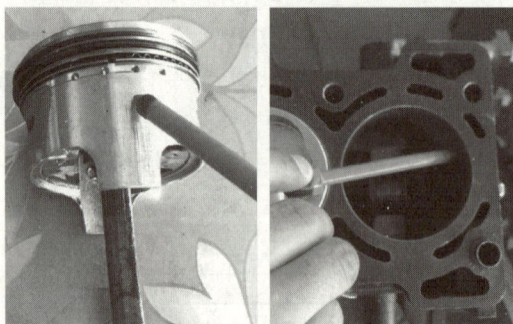

图 4-16　润滑活塞及缸体

⑦检查活塞顶部及连杆上的朝前标记是否满足要求（朝向一缸），如图 4-17 所示。

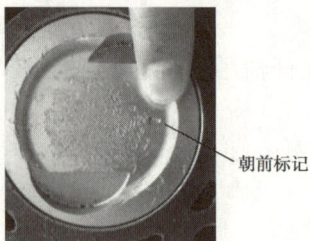

朝前标记

图 4-17　活塞顶朝前标记

⑧安装活塞组,用活塞环夹具收紧活塞环放入气缸,调整夹具,然后用木柄推击活塞进入气缸到下止点位置,如图 4-18 所示。

图 4-18 安装活塞组

⑨旋转发动机缸体到适当位置,取下连杆螺栓护套,安装连杆盖。

注意:安装轴瓦时一定要清洁、润滑到位,同时轴瓦不能混装和装反;各个缸的连杆盖不能混装,连杆盖上的装配标记要和连杆上的要对齐,不能装反;同时在装连杆盖时也要进行润滑,如图 4-19 所示。

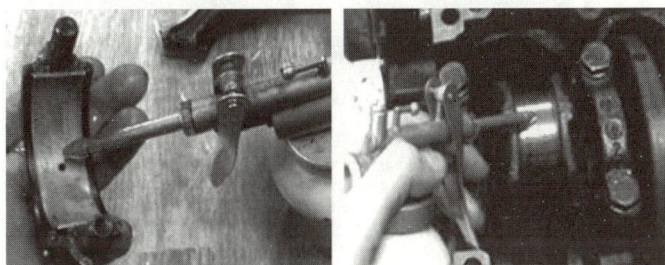

图 4-19 润滑连杆盖及连杆轴

⑩安装连杆螺母,先用手装入连杆螺母,然后用套筒扳手预紧螺栓(2~3 次),参考维修手册,最后用扭力扳手调整到规定力矩,如图 4-20 所示。

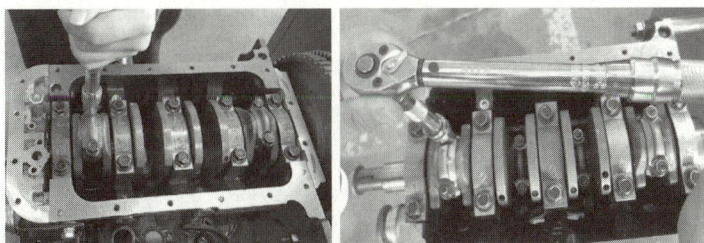

图 4-20 安装连杆螺母

⑪安装完毕后转动曲轴,曲轴应转动自如。

⑫用同样方法,把其他缸的活塞连杆组装入相应气缸内。

## (三)活塞连杆组的检修

①外观检修,检查活塞、连杆、轴瓦及连杆螺栓等外观是否有断裂、凹坑、拉伤、变

形等现象,如存在上述现象则需更换(如需更换则应成套更换),如图4-21所示。

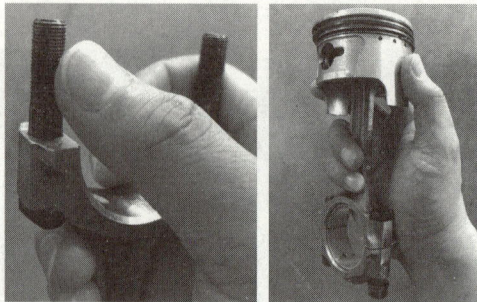

图4-21 活塞连杆组外观检查

②活塞直径的检测。根据维修手册,先用游标卡尺确定测量位置并做标记(一般距裙部下边10~15 mm),然后选择合适的外径千分尺测量活塞裙部标记位置处的直径大小并记录,如图4-22所示。

图4-22 测量活塞直径

注意:测量活塞直径是为了与缸径大小一起计算配缸间隙。参考维修手册,当配缸间隙超过极限标准时,则需更换全部活塞,并对气缸进行镗缸,或者更换新的气缸体;另外更换活塞和镗缸时要按照对应的级别完成。

③活塞环端隙的检测。参考维修手册,用钢直尺或深度尺深入对应气缸确定检测位置,再把要检测的活塞环用手放入气缸,再用该缸的活塞把活塞环慢慢压入气缸指定位置(可以用钢直尺或深度尺再次确认),然后用适当的塞尺检测端隙大小,如图4-23所示。

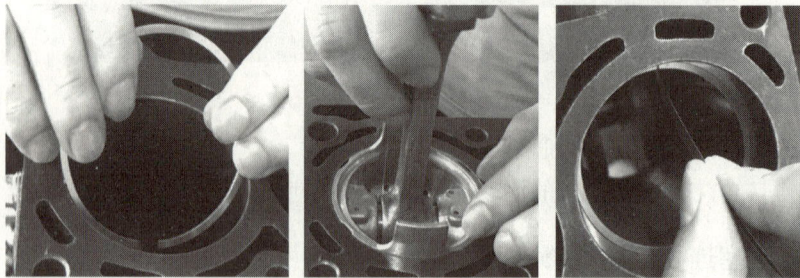

图4-23 检测端隙

注意：如端隙超过维修手册给出的极限标准时，则需要更换新的活塞环，另外如果更换新活塞环的端隙仍然大于极限标准，则需要对所有气缸进行镗缸或更换气缸体。

④活塞环侧隙的检测。用塞尺测量活塞环与对应环槽的侧壁之间的间隙并记录，参考维修手册，如果间隙超过极限标准，则需要更换全套活塞，如图4-24所示。

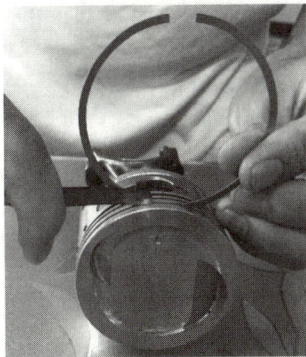

图4-24  检测侧隙

注意：测量侧隙时，要边滚动边测量，至少要检测3个位置点。

⑤活塞环背隙的检测。用游标卡尺测量活塞环的径向宽度，再用深度尺测量对应环槽的深度，用两者之差（深度−宽度）计算背隙大小。参考维修手册确定背隙大小是否超出极限标准，如果超出了极限标准则需更换活塞，如图4-25所示。

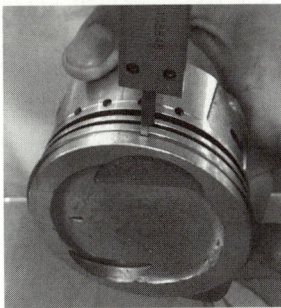

图4-25  检测背隙

⑥连杆螺栓的检修。用手把螺母拧到对应的螺栓上，看是否存在卡滞现象，如果存在上述现象则用游标卡尺检测规定位置处螺栓（螺纹）外径的大小。

注意：参考维修手册，如果外径的大小小于标准最小值，则应更换螺栓和螺母。

## 【任务实施】

| 任务名称 | | | |
|---|---|---|---|
| 班　级 | | 姓　名 | |
| 地　点 | | 日　期 | |
| 成　员 | | | |

# 一、任务准备

| 序号 | 配件名称 | 备　注 |
|---|---|---|
| 1 | 发动机拆装台架 | |
| 2 | 拆装工具 | |
| 3 | 量具 | |
| 4 | 维修手册 | <br>发动机机械系统 |

## 二、过程记录

| 活动名称 | | 任务要点记录 | 使用资源记录 | 本人角色 |
|---|---|---|---|---|
| 活塞的拆装与检修 | 1.拆卸活塞 | | | □安全员<br>□操作员<br>□记录员<br>□观察员 |
| | 2.安装活塞 | | | □安全员<br>□操作员<br>□记录员<br>□观察员 |
| | 3.检修活塞 | | | □安全员<br>□操作员<br>□记录员<br>□观察员 |

## 【评价与考核】

### 汽车发动机活塞连杆组的拆装与检修

| 班　级 | | 选手姓名 | | 得　分 | |
|---|---|---|---|---|---|

# 一、检修内容

按维修规范要求完成：

◆JL465 发动机活塞连杆组的拆卸、组装；

◆对活塞连杆组不同指位置的零部件进行不同项目的检测；

◆填写活塞连杆组的《汽车检修工单》。

# 二、检修记录单

1.测量_____缸活塞环的记录单

| | 侧　隙 | 是否合格 | 端　隙 | 是否合格 | 背　隙 | 是否合格 |
|---|---|---|---|---|---|---|
| 气环 1 | | | | | | |
| 气环 2 | | | | | | |
| 油环 | | | | | | |
| 维修建议 | | | | | | |

2.检测活塞直径的记录单

| | 外　观 | 直　径 | 标准直径 |
|---|---|---|---|
| 缸活塞 | | | |
| 是否合格 | | | |
| 维修建议 | | | |

## 三、检修评分表

| 序号 | 作业项目 | 考核内容 | 评分标准 | 配分/分 | 扣分/分 |
|---|---|---|---|---|---|
| 1 | 作业安全职业操守 | 能进行工位 7S 操作 | □整理、整顿(0.5 分)<br>□清理、清洁(0.5 分)<br>□素养、节约(0.5 分)<br>□安全(0.5 分) | 2 | |
| | | 能进行设备和工具安全检查 | □检查作业所需要的工具设备是否完备(1 分)<br>□检查作业环境是否配备灭火器(1 分)<br>□检查设备用电情况是否正常(1 分) | 3 | |
| | | 能进行工具清洁校准存放操作 | □使用工具前对工具、量具进行校准(2 分)<br>□使用工具后对工具、量具进行清洁(2 分)<br>□作业完成后对工具进行复位(1 分) | 5 | |
| 2 | 活塞连杆组的拆卸 | 活塞连杆的拆装方法 | □用套筒扳手旋转发动机曲轴,使所拆缸活塞处于下止点(2 分)<br>□确认活塞朝前记号、缸数记号(2 分)<br>□用扭力扳手预松 1 缸连杆轴承盖螺母,再用 12 号丁字套筒拆卸连杆轴承盖螺母(2 分)<br>□用橡皮锤敲松连杆轴承盖,并取下连杆轴承盖(含轴瓦);瓦片朝上放置(2 分)<br>□用橡皮锤木柄轻击连杆大头,取下活塞连杆;及时将连杆与连杆轴承盖装配起来;注意对准标记(2 分)<br>□按顺序拆卸四缸、二缸、三缸,拆卸的活塞按缸序放好(3 分)<br>□用活塞环拆装钳拆卸两道气环,要求先拆第一道气环,再拆第二道气环(2 分) | 15 | |
| 3 | 清洁及检查 | 活塞连杆的清洁检查 | □正确清理活塞连杆组(5 分)<br>□正确检查连杆螺栓(5 分)<br>□气缸的清洁(5 分) | 15 | |

续表

| 序号 | 作业项目 | 考核内容 | 评分标准 | 配分/分 | 扣分/分 |
|---|---|---|---|---|---|
| 4 | 活塞坏的检测 | 能正确检测活塞环 | □用活塞环拆装钳安装两道气环,要求先装第二道气环,再装第一道气环,开口处有标记的一面朝上安装(5分)<br>□调整活塞环开口,先按要求放好第一环开口,再将第一、二环开口互错180°(10分)<br>□正确测量活塞环的端隙(10分)<br>□正确测量活塞环的侧隙(10分)<br>□正确测量活塞环的背隙(10分) | 45 | |
| | 活塞的安装 | 正确安装活塞连杆组 | □正确安装活塞环(5分)<br>□正确安装连杆轴瓦(5分)<br>□正确检查、调整活塞的方向,确认正确后用橡皮锤柄将活塞顶入气缸(10分)<br>□能正确使用扭力扳手拧紧(5分) | 15 | |
| 合计 | | | | 100 | |

## 【实训报告单】

<table>
<tr><td colspan="6" align="center">实训报告单</td></tr>
<tr><td>科　目</td><td></td><td>班级</td><td></td><td>学生姓名</td><td></td></tr>
<tr><td>实训项目</td><td colspan="5"></td></tr>
<tr><td>实训任务</td><td colspan="5"></td></tr>
<tr><td>实训器材</td><td colspan="5"></td></tr>
<tr><td>实训内容</td><td colspan="5"></td></tr>
<tr><td>体会或建议</td><td colspan="5"></td></tr>
<tr><td>实训结果</td><td colspan="5">自评_____　　互评_____　　师评_____</td></tr>
</table>

指导教师_____　　　　　　　时间_____

## 【作业】

### 一、填空题

1. 活塞坏"三隙"是端隙、侧隙、_____。
2. 活塞销分为全浮式和_____,实训室活塞销是_____。
3. 连杆组由活塞、_____、活塞销、_____、连杆轴瓦等组成。
4. 连杆盖螺栓拆卸时应先用_____拆卸再用_____拆卸。
5. 活塞基本结构可分为_____、_____和_____三个部分。

### 二、选择题

1. 拆卸活塞时,活塞应该处于( )。
   A.上止点　　　　　B.下止点　　　　　C.气缸中部　　　　　D.任何位置
2. 活塞环在上止点时,环的开口间隙是( )。
   A.侧隙　　　　　　B.端隙　　　　　　C.背隙　　　　　　D.间隙
3. 实训室发动机活塞顶部采用的是( )。
   A.平顶　　　　　　B.凸顶　　　　　　C.凹顶
4. 活塞磨损最严重的部位是( )。
   A.第一道环槽　　　B.第二道环槽　　　C.第三道环槽　　　D.活塞裙部
5. 活塞环的拆装过程中需要用到的工具是( )。
   A.钳子　　　　　　B.活塞环钳　　　　C.活塞环收紧器

### 三、思维拓展

1. 安装活塞环时应注意哪些事项?

2. 活塞安装过程中有哪些安装标准?

# 项目五 | 发动机气缸体的拆装与检修

## 【项目描述】

小王在某 4S 店工作，今天接待了一辆需维修的汽车，发现发动机动力不足，加速无力，汽油、机油消耗快，排气管冒蓝烟。经过检测发现是发动机气缸体出现了问题，需要对气缸体进行检修。那么，你知道该如何安全、规范地对发动机气缸体进行拆装与检修吗？

## 【项目内容】

| 任务名称 | 主要内容 |
|---|---|
| 任务一　气缸体的检修 | ①气缸体的构造及作用<br>②气缸平面度的检测<br>③气缸磨损的检测<br>④气缸体检修的注意事项 |
| 任务二　气缸圆度、圆柱度的计算 | ①气缸圆度的计算<br>②气缸圆柱度的计算<br>③测量结果判定 |

## 【项目目标】

①能理解汽车发动机气缸体的组成、作用及工作原理。

②能熟练掌握发动机气缸体检测时常用的、专用的维修工、量具的使用方法。

③能够熟练掌握发动机气缸体检测方法。

④在操作过程中，树立学生常备不懈的安全操作意识，培养学生踏实、肯干、肯钻研的工作态度和良好的岗位职责意识。

⑤能对实训后的垃圾进行合理分类，具有环保意识。

【知识储备】

## 一、气缸体概述

### 1.气缸体的作用

气缸体是发动机的装配基体，结构较为复杂，提供发动机及其部件的安装和支承，它保证了活塞、连杆、曲轴等运动部件工作时的准确位置，保证了发动机的换气、冷却和润滑。

气缸体上有一个或多个活塞在其中做导向运动的圆柱形空腔被称为气缸。气缸大部分是由在缸体上镶嵌的气缸套构成（气缸套在分干湿和湿式两种），也有些发动机是在缸体上直接加工出气缸。气缸的周围是冷却水道，主要用来冷却气缸；气缸体上还有油道，主要用来上下传递机油。另外，可通过气缸盖和气缸体的配合形成密封的冷却水道和润滑油道，从而实现对发动机零部件的冷却和润滑，如图5-1所示。

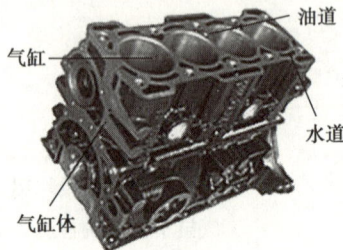

图 5-1 气缸体的构造

### 2.气缸体的工作环境

气缸体的工作环境是潮湿的（汽油及冷却液），且高温、高压、高载荷、摩擦剧烈。

### 3.气缸体的材料要求

气缸体的工作环境决定了气缸体必须具有高强度、高硬度、高耐磨性以及良好的散热性，目前制作气缸体的材料通常采用优质灰铸铁和铝合金等。灰铸铁可以满足高强度、高硬度及高耐磨性等要求，而且工艺性能、减振性、切削加工性能优良，同时成本较低，但是缺点是质量较大，所以现在越来越多的气缸体采用铝合金材料，因为其最大优点是质量轻，也顺应了汽车轻量化的趋势。

### 4.气缸体的分类

根据气缸体与油底壳安装平面的位置不同，通常把气缸体分为以下三种形式。

• 平分式缸体：其特点是油底壳安装平面和曲轴旋转中心在同一高度，如图5-2所示。

图 5-2　平分式缸体

● 龙门式缸体:其特点是油底壳安装平面低于曲轴的旋转中心,如图 5-3 所示。

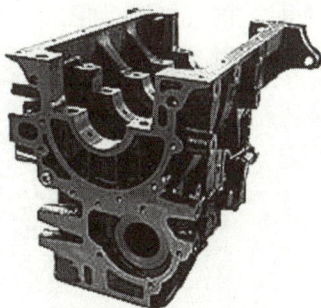

图 5-3　龙门式缸体

● 隧道式缸体:这种形式的缸体曲轴的主轴承孔为整体式,采用滚动轴承,主轴承孔较大,曲轴从缸体后部装入,如图 5-4 所示。

图 5-4　隧道式缸体

根据汽车发动机气缸体的排列方式,又可以把发动机气缸体分以下三种形式。

● 直列式气缸体:发动机的各个气缸排成一列,一般为垂直布置的。该类气缸体结构简单,加工容易,但会导致发动机的长度和高度较大,为了降低发动机的高度,有时也把气缸布置成倾斜的甚至是水平的,如图 5-5 所示。

图 5-5　直列式气缸体

● "V"形气缸体:气缸排成两列,左右两列气缸中心线形成夹角 $\gamma < 180°$。V 形发动机与直列发动机相比,缩短了机体的长度和高度,增加了气缸体的刚度,减轻了发动机的质量,但加大了发动机的宽度,且形状较复杂,加工困难,一般用于 8 缸以上的发动机,6 缸发动机也有采用这种形式的气缸体,如图 5-6 所示。

图 5-6　"V"形气缸体

● 对置式气缸体:气缸排成两列,左右两列气缸中心线形成的夹角 $\gamma = 180°$,如图 5-7 所示。

图 5-7　对置式气缸体

### 5.气缸套的分类

气缸套在选材时要根据气缸套的工作环境要求进行选取,一般用优质灰铸铁和合金铸铁等,有的还采用表面淬火、镀铬等工艺。

气缸套可分为干式气缸套和湿式气缸套两种,如图 5-8 所示。

● 干式气缸套:气缸套不直接与冷却液接触,冷却效果相对较差,但其加工和安装都比较方便,壁厚一般为 1~3 mm。

● 湿式气缸套:气缸套与冷却液直接接触,冷却效果较好,便于维修更换,安装后一般其顶端高出气缸体平面 0.05~0.15 mm,以便使气缸盖将气缸盖垫压得更紧,从而提高气缸的封闭性。湿式气缸套易产生点蚀、漏水、漏气,所以其壁厚一般为 5~9 mm。

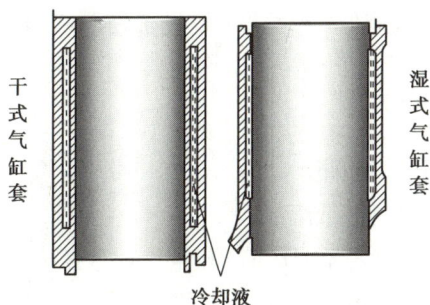

图 5-8　气缸套的分类

## 二、气缸体的检修

### 1.气缸体的外观检查

①清洁气缸体上的积碳,气缸的顶部一般会产生大量的积碳,严重时会导致发动机早燃,从而影响发动机的性能。清除积碳的方式一般有两种:机械法和化学法。

> **知识窗**
>
> 机械法:用钢丝球或刮刀清除机体组上的积碳。
>
> 化学法:用化学溶剂浸泡机体组一定时间(2~3 h),使积碳软化,然后再用刷子清除积碳。

注意:在实际应用中应将两种清除积碳的方法结合使用,同时在清洁时不能用力过大,不能刮伤机体组。

②观察气缸体各个部位是否出现裂纹,特别是水道孔、螺纹孔处。

③观察气缸(套)是否出现明显的拉伤、划痕等现象。

注意:裂纹一般是由设计制造缺陷、冷却液结冰或意外事故造成的,会导致漏水、漏气、漏油,必须进行及时维修或更换。

### 2.气缸体基准面的检测

①清洁气缸顶面及量具,把刀口尺轻放在气缸顶面相应的检测位置处,检测基准面的平面度(具体检测方法和缸盖检测一样),检测位置如图 5-9 所示。

图 5-9　气缸体基准面检测

②查找维修手册,当检测值(平面度)超过了使用极限时需要对气缸盖进行维修或更换。

### 3.气缸体磨损的检测

①转动台架使气缸体气缸朝上。

②确定要测量的气缸并进行清洁。

③粗测:用游标卡尺(测内径工作面)测量气缸直径。

④定基准:根据粗测值和维修手册给出的缸径大小确定基准值。

⑤将千分尺转动到基准值,并将其固定到台虎钳上。

⑥组装量缸表:检查测量手柄下面的活动测量头伸缩是否灵活,不能有发卡现象,检查百分表是否正常。将百分表装入测量手柄内,并且使表面与活动测头置于同一平面内,百分表上的短指针调整至"1"左右,然后将百分表锁紧。选择合适的测量接杆及垫片装入活动测头背面并用扳手拧紧。

⑦校表:把内径量缸表测量头置于外径千分尺内,转动百分表外圈,使长指针正对"0"。

⑧测量:将内径量缸表置于气缸内,使量缸表徐徐前后移动,当长指针指向终点开始返回瞬间即为该处直径。以"0"的位置为准,顺时针方向则"减",反之则"加",如图5-10所示。

注意:在测量气缸直径时,要测量气缸的上、中、下三个位置,同一个位置要多次测量找出最大值,测量位置如图 5-11 所示。

图 5-10　气缸体直径测量

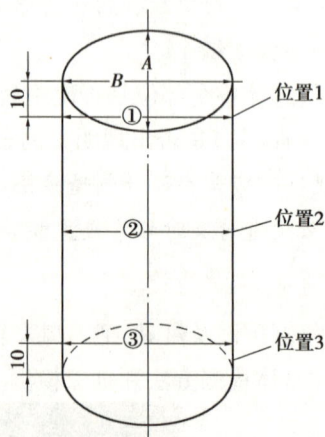

图 5-11　气缸体直径测量位置

⑨计算:根据测量的数据计算出气缸的圆度、圆柱度。

> **知识窗**
>
> 　　圆度：在测量的同一平面内取最大直径和最小直径，然后计算出最大直径与最小直径之差的一半。
>
> 　　圆柱度：在测量的不同平面内取最大直径和最小直径，然后计算出最大直径与最小直径之差的一半。

　　⑩结果判定：参考维修手册，查看测量计算的数值看是否超出了标准极限。如果计算值超出标准极限则需要进行镗缸或更换气缸体。

> **小贴士**
>
> 　　注意事项：
>
> 　　①百分表表盘刻度为 100，指针在圆表盘上转动一格为 0.01 mm，转动一圈为 1 mm；小指针移动一格为 1 mm。
>
> 　　②测量时，当表针顺时针方向离开"0"位，表示缸径小于标准尺寸的缸径，它是标准缸径与表针离开"0"位格数的差；若表针逆时针方向离开"0"位，表示缸径大于标准尺寸的缸径，它是标准缸径与表针离开"0"位格数之和。
>
> 　　③若测量时，小针移动超过 1 mm，则应在实际测量值中加上或减去 1 mm。

### 4.气缸磨损规律分析

　　气缸正常磨损是指气缸在正常工作下，其工作表面与活塞环相互运动的区域形成不均匀的磨损。气缸磨损的主要特征及原因有以下几个方面。

　　从气缸纵断面看，气缸磨损后形成"上大下小"，失去原来正圆柱的形状，称为"锥形"。产生"锥形"磨损的原因可能是摩擦力不等的磨损、润滑条件变化的磨损、磨料磨损等。

　　从气缸的横断面看，气缸磨损后失去原来的正圆形状，俗称"失圆"。气缸的磨损程度，以其中磨损最大的一个气缸为标准，来确定气缸是否需要维修，并作为选择其修理级别的依据。

## 【任务实施】

| 任务名称 | | | |
|---|---|---|---|
| 班　级 | | 姓　名 | |
| 地　点 | | 日　期 | |
| 成　员 | | | |

# 一、任务准备

| 序号 | 配件名称 | 备　注 |
|---|---|---|
| 1 | 气缸体 | |
| 2 | 量具 | |
| 3 | 千分尺座 | |
| 4 | 量缸表 | |

## 二、过程记录

| 活动名称 | | 任务要点记录 | 使用资源记录 | 本人角色 |
|---|---|---|---|---|
| 粗测 | 气缸体直径粗略测量 | | | ☐安全员<br>☐操作员<br>☐记录员<br>☐观察员 |
| 定基准 | 正确设置外径千分尺 | | | ☐安全员<br>☐操作员<br>☐记录员<br>☐观察员 |
| 校表 | 连接表杆 | | | ☐安全员<br>☐操作员<br>☐记录员<br>☐观察员 |
| | 选取垫片 | | | ☐安全员<br>☐操作员<br>☐记录员<br>☐观察员 |
| | 校准位置 | | | ☐安全员<br>☐操作员<br>☐记录员<br>☐观察员 |
| 测量气缸 | 找准测量位置和读数位置 | | | ☐安全员<br>☐操作员<br>☐记录员<br>☐观察员 |
| 计算并判断 | 查阅维修手册进行判断 | | | ☐安全员<br>☐操作员<br>☐记录员<br>☐观察员 |

【评价与考核】

**发动机气缸体的拆装与检修**

| 班　级 | | 选手姓名 | | 得　分 | |
|---|---|---|---|---|---|

# 一、检修内容

按维修规范要求完成：

◆JL465 发动机气缸体的拆卸、组装；

◆对气缸体进行的检测；

◆填写《汽车发动机气缸体的检修工单》。

# 二、检修记录单

## 1.气缸体基准面的检测记录单

| 位　置 | | 测量点 1 | 测量点 2 | 测量点 3 | 测量点 4 | 测量点 5 | 平面度 |
|---|---|---|---|---|---|---|---|
| 气缸顶部 | 横向 1 | | | | | | |
| | 横向 2 | | | | | | |
| | 纵向 1 | | | | | | |
| | 纵向 2 | | | | | | |
| | 对角线 1 | | | | | | |
| | 对角线 2 | | | | | | |
| | 对角线 3 | | | | | | |
| 结果判定 | | | | | | | |

## 2.气缸休磨损测量工单

| 千分尺误差 | | 游标卡尺误差 | | 接杆选取 | |
|---|---|---|---|---|---|
| 气缸号 | 位　置 | 直径 1（横向） | 直径 2（纵向） | 圆　度 | 圆柱度 |
| 1 | 上部 | | | | |
| | 中部 | | | | |
| | 下部 | | | | |

续表

| 气缸号 | 位 置 | 直径1(横向) | 直径2(纵向) | 圆 度 | 圆柱度 |
|---|---|---|---|---|---|
| 2 | 上部 | | | | |
| | 中部 | | | | |
| | 下部 | | | | |
| 3 | 上部 | | | | |
| | 中部 | | | | |
| | 下部 | | | | |
| 4 | 上部 | | | | |
| | 中部 | | | | |
| | 下部 | | | | |
| 结论 | | | | | |

## 三、维修评分表

| 序号 | 考核内容 | 评分标准 | 配分/分 | 扣分/分 |
|---|---|---|---|---|
| 1 | 能进行工位7S操作 | □整理、整顿(1分)<br>□清理、清洁(1分)<br>□素养、节约(1分)<br>□安全(2分) | 5 | |
| | 进行设备和工具安全检查 | □检查作业所需要的工具设备是否完备(2分)<br>□检查作业环境是否配备灭火器(2分)<br>□检查台架工作情况是否正常(1分) | 5 | |
| | 进行工具清洁校准存放操作 | □使用工具、量具前后进行清洁(1分)<br>□使用量具前对量具进行校准(2分)<br>□作业完成后对量具进行复位(2分) | 5 | |
| | 正确使用工、量具 | □正确使用游标卡尺(1分)<br>□正确使用外径千分尺(1分)<br>□正确使用塞尺(1分)<br>□正确使用刀口尺(1分)<br>□正确使用量缸表(1分) | 5 | |
| 2 | 正确识读游标卡尺 | □正确使用工作面(2分)<br>□正确读取测量值(3分) | 5 | |

续表

| 序号 | 考核内容 | 评分标准 | 配分/分 | 扣分/分 |
|---|---|---|---|---|
| 3 | 千分尺座的使用 | □正确使用千分尺座(5分) | 5 | |
| | 千分尺的识读 | □正确识读(5分) | 5 | |
| 4 | 加长杆和垫片选取 | □正确选取加长杆(3分)<br>□正确选取垫片(2分) | 5 | |
| | 校表 | □正确对准千分尺测量面中心(3分)<br>□正确将指针调整指向零刻度(2分) | 5 | |
| 5 | 平面度测量 | □正确选取6个位置处测量(5分)<br>□测量方法正确(5分) | 10 | |
| 6 | 气缸测量 | □正确找准指针"回头"刻度(5分)<br>□正确测量气缸内横纵向直径(10分)<br>□正确测量气缸上、中、下直径(5分) | 20 | |
| 7 | 计算气缸体直径 | □根据基准正确计算缸体直径(10分) | 10 | |
| | 根据多个直径值计算圆度和圆柱度 | □正确计算圆度(5分)<br>□正确计算圆柱度(5分) | 10 | |
| 8 | 规范操作 | □作业过程做到油液不落地(2分)<br>□作业过程做到水液不落地(2分)<br>□作业过程做到工具不落地(1分) | 5 | |
| 合计 | | | 100 | |

## 【实训报告单】

| 实训报告单 | | | | |
|---|---|---|---|---|
| 科目 | | 班级 | | 学生姓名 |
| 实训项目 | | | | |
| 实训任务 | | | | |
| 实训器材 | | | | |
| 实训内容 | | | | |
| 体会或建议 | | | | |
| 实训结果 | 自评_____　　互评_____　　师评_____ | | | |

指导教师_____　　　　　　时间_____

【作业】

**一、填空题**

1.汽车发动机气缸体的排列方式有直列式、_____、对置式等。

2.根据缸体与油底壳安装平面的位置不同,把缸体分为_____、龙门式、_____三种形式。

3.气缸体的材料通常采用优质_____和_____等。

4.现在越来越多的气缸体采用_____材料,因为其最大优点是减轻气缸体的质量,也顺应了汽车轻量化的趋势。

5.对置式发动机气缸左右两列气缸中心线的夹角 $\gamma$ =_____。

**二、选择题**

1.通常情况下气缸磨损量最大的是(      )。
    A.上部               B.中部               C.下部               D.一样大

2.一台使用 10 万 km 的发动机,测量其气缸直径,一般情况下(      )。
    A.横向直径大      B.纵向直径大      C.斜向直径大      D.一样大

3.下列不属于气缸体主要损耗形式的是(      )。
    A.裂纹               B.磨损               C.变形               D.断裂

4.干式缸套与湿式缸套相比(      )。
    A.干湿缸套壁厚     B.湿式缸套壁厚     C.一样厚         D.不能判断

**三、思维拓展**

为什么发动机使用年份较长之后动力会下降?

# 项目六｜发动机曲轴的拆装与检修

## 【项目描述】

小李在某4S店工作,今天接待了一辆需维修的汽车,经过检测发现是发动机曲轴出现了问题。那么,你知道该如何安全、规范地进行发动机曲轴的拆装与检修吗?

## 【项目内容】

| 任务名称 | 主要内容 |
|---|---|
| 任务一　曲轴的构造与拆装 | ①了解曲轴的构造、作用<br>②掌握曲轴的拆卸方法<br>③掌握曲轴的安装方法<br>④掌握曲轴拆装时的注意事项 |
| 任务二　曲轴的检测与维修 | ①曲轴的检查与调整<br>②曲轴轴向间隙的检查与调整 |

## 【项目目标】

①能理解汽车发动机曲轴的组成、名称、作用及工作原理。

②能熟练掌握发动机曲轴拆装与检修时常用的、专用的维修工、量具的使用方法。

③能熟练掌握发动机曲轴的拆装与检修方法。

④在操作过程中,树立学生常备不懈的安全操作意识,培养学生踏实、肯干、肯钻研的工作态度和良好的岗位职责意识。

⑤能对实训后的垃圾进行合理分类,具有环保意识。

## 【知识储备】

### 一、曲轴概述

#### 1.曲轴的作用

曲轴的作用是把活塞连杆组传来的压力转变为转矩并对外输出,同时,还用于驱动发动机的配气机构和其他辅助装置（机油泵、水泵、发电机）等。

### 2.曲轴的组成

曲轴主要由前端轴、主轴颈、连杆轴颈、曲拐、平衡重、后端轴等组成，如图6-1所示。

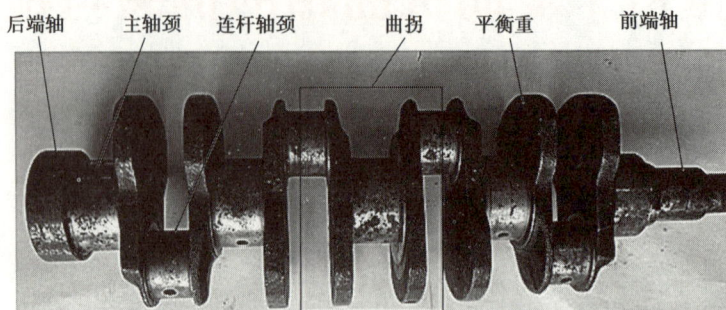

图 6-1　曲轴结构

### 3.曲轴的工作环境

曲轴工作在高温、高压、高速和高负荷的环境中，受往复的惯性力和离心力，承受弯曲和扭转变载荷。曲轴的结构复杂，受力多样，易产生磨损。

### 4.曲轴的制作材料要求

曲轴应具有足够的抗弯曲、抗扭转的疲劳强度和硬度；轴径应具有足够大的承压表面和耐磨性；曲轴质量应尽量少；各部件润滑应充分；需要做合适的热处理。

综上所述，目前大多数发动机的曲轴多用优质中碳钢或中碳合金钢经模锻而成，轴颈经表面淬火处理。其中国产汽车一般采用球墨铸铁制成。

## 二、曲轴的拆装与检修

### （一）曲轴的拆卸

①旋转发动机台架使发动机气缸朝下，曲轴朝上。

②按照从两边向中间对称的顺序，依次旋下轴承盖上的10个固定螺栓，如图6-2所示。

图 6-2　螺栓拆卸顺序

注意：拆卸螺栓时要先预松，分2~3次预松，不能一次性把螺栓拆下。

③用手拧出预松过的轴承盖螺栓，然后用橡胶锤或木棒对称轻击轴承盖并拆下轴承盖和螺栓，如图6-3所示。

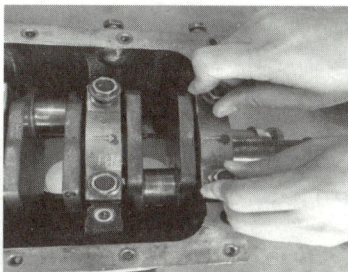

图6-3　拆卸轴承盖螺栓

④取下的轴承盖和轴瓦并按顺序号摆放好，不能混放，如图6-4所示。

图6-4　拆下的轴承盖及螺栓

⑤水平向上轻轻地抬出曲轴，并把曲轴放到"V"形支架上，如图6-5所示。

图6-5　拆卸曲轴

⑥取下气缸体轴承座上的止推垫片和轴瓦，并将所有止推垫片和轴瓦按顺序号摆放好，不能混放，如图6-6所示。

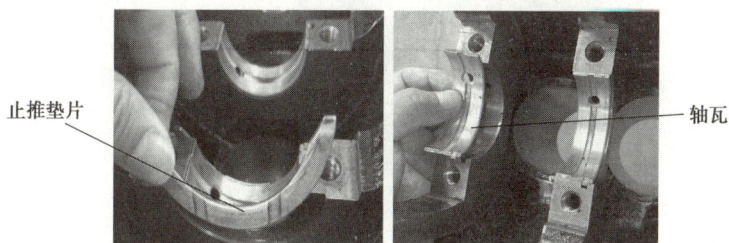

止推垫片　　　　轴瓦

图6-6　取出止推垫片和轴瓦

注意:在取轴瓦时可以借用一字起子,但起子的前端要做防护处理,以防止撬坏轴瓦和轴承座。

### (二)曲轴的安装

①使用汽油或毛巾清洁曲轴、轴承盖、轴瓦、止推垫片、气缸体及轴承盖螺母,如图6-7所示。

图 6-7　清洁曲轴

②安装气缸体轴瓦:在气缸体各轴承座上涂机油,按顺序把各道轴瓦安装在相应的轴承座内,如图6-8所示。

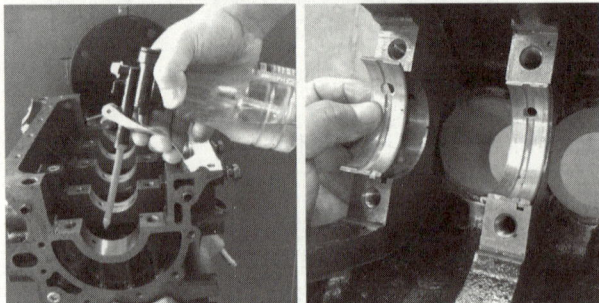

图 6-8　安装轴瓦

③安装止推垫片:在两个止推垫片光滑的一面上涂上润滑油,将涂有润滑油的两个止推垫片安装在气缸体中间(3号)主轴承座两侧的止推垫片槽内,止推片有油槽一面朝外,如图6-9所示。

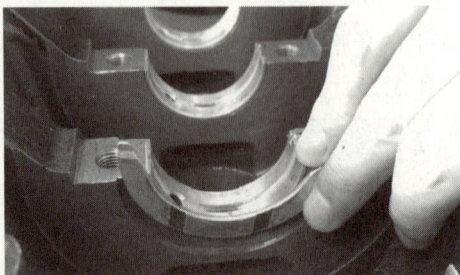

图 6-9　安装止推垫片

④安装曲轴:用机油壶先在轴承座的轴瓦涂上润滑油,再将曲轴水平安放到气缸

体主轴承座上,检查止推垫片安装是否到位,如果安装不到位则重新安装,如图 6-10 所示。

图 6-10　安装曲轴

⑤安装轴承盖轴瓦:将按顺序摆放的各道轴瓦安装在对应的轴承盖内,如图 6-11 所示。(此步骤也可提前进行)

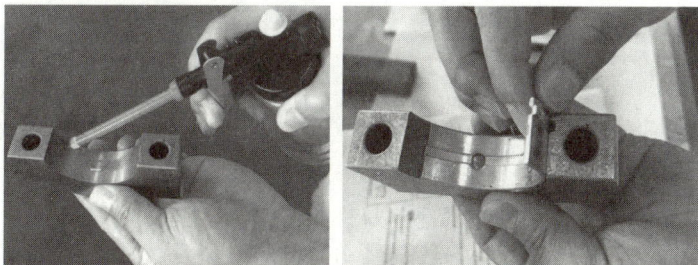

图 6-11　安装轴承盖轴瓦

注意:在安装轴瓦时一定要在轴承盖上涂抹机油;轴瓦上的定位键要安装到轴承盖的定位槽里面。

⑥安装轴承盖:在曲轴主轴颈上涂上机油,再按顺序把轴承盖放到对应的主轴颈上,用木棒或橡胶锤轻敲各轴承盖,使轴承盖端面和气缸体轴承座端面贴合,如图 6-12 所示。

图 6-12　安装轴承盖

⑦安装轴承盖螺栓:按顺序把 10 个螺栓放到对应的螺栓孔里面,再用手旋上螺栓,用适当工具分 2~3 次从中间向两边预紧螺栓,最后参考维修手册,把螺栓紧固到

规定力矩,安装顺序如图6-13所示。

图6-13　螺栓安装顺序

小贴士

注意事项:
①拆卸曲轴时注意观察轴承盖位置和朝前标记。
②拆卸轴承盖时注意要先用指针式扭力扳手预松螺栓,再用套筒扳手多次拆卸轴承盖螺栓。
③拆卸后轴承盖和轴瓦按拆卸时的位置顺序摆放好。
④安装时注意各个运动接触面和轴承盖螺栓螺纹应涂上机油。
⑤注意轴承盖螺栓的拆卸和拧紧顺序。

### (三) 曲轴的检修

#### 1.外观检修

①清洁曲轴,检查曲轴主轴颈、连杆轴颈和轴瓦应无麻点或划痕,如果有麻点、划痕需要刮削,严重的应更换曲轴。其中,轴瓦一般直接更换。

②清洁曲轴,检测曲轴有无裂纹。裂纹一般存在曲柄与轴颈的过渡圆角处,因为此处应力集中,容易出现裂纹。如果出现裂纹应直接更换曲轴。

#### 2.曲轴弯曲度检测

①清洁工量具、台面和曲轴,把曲轴放在水平面上的"V"形铁上,"V"形铁支撑曲轴最外两侧的主轴颈,并组装磁力表座,让百分表测量头对准曲轴的中间主轴颈,如图6-14所示。

②调整磁力表座和百分表,使百分表测头垂直接触曲轴中间的主轴颈的最上端处,同时使百分表小指针在1~2 mm,如图6-15所示。

图 6-14　曲轴测量

图 6-15　调整百分表

③校零：推动百分表测头，检查百分表指针是否转动自如，百分表转动正常，转动百分表罗盘，让百分表长指针指向"0"；如果百分表有卡滞现象，则重组装百分表或更换百分表。

④缓慢转动曲轴一周，观察百分表指针摆动情况，找出正和负的最大偏转量，从而测出曲轴的弯曲度。

$$弯曲度 = (正的最大偏差 - 负的最大偏差)/2$$

注意：曲轴的弯曲度不能超出极限值，如果曲轴的弯曲度大于极限值，则需要对曲轴进行校正，一般采用冷压校正或敲击校正；若低于极限范围，可结合磨削主轴颈予以修正；弯曲严重的则需要更换曲轴。

### 3.曲轴扭曲度的检测

①清洁工量具、台面和曲轴，然后把曲轴放在水平面上的"V"形铁上，"V"形铁支撑曲轴最外两侧的主轴颈，如图 6-14 所示。

②检测平台面的水平度：校准高度尺，用高度尺检测曲轴两端主轴颈的高度是否一致，如果一致说明台面水平高度一致；如果不一致说明台面水平有误差，并把该高度差（$\Delta h$）作为最后计算的补偿量。

③转动曲轴使所有连杆轴颈处在同一水平面，然后用高度尺测最外侧的两个连杆轴颈的水平高度值 1 和高度值 2，如果两高度一致说明曲轴没发生扭曲，如果两高度不一致则说明该曲轴发生了扭曲。扭曲度计算如下：

$$扭曲度 = [高度值 1（大） - 高度值 2（小）] \pm \Delta h$$

④确定维修方案：曲轴若发生轻微的扭曲变形，可直接在曲轴磨床上结合对连杆轴颈磨削时予以修正；也可采用液压扳杆扭转进行校正；扭曲严重的则应更换曲轴。

小贴士

注意事项：

①一旦确定台面的水平度之后，曲轴位置在检测时不能再来回移动和转动。

②检测时，检测的连杆轴颈的位置、方向要一致。

③扭曲度也可以用百分表来检查。将连杆轴颈转到水平位置上，用百分表分别确定同一方位上两个连杆轴颈的高度差。

#### 4.曲轴磨损的检测

①使用千分尺测量轴颈(主轴颈和连杆轴颈)：清洁曲轴和千分尺，再选用合适的千分尺检测要检测的轴颈的三个位置(两端和中间)、多个方向上的直径并记录，如图6-16所示。

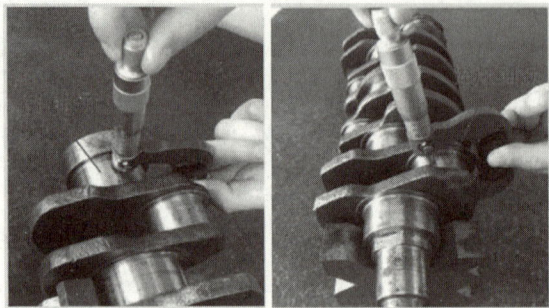

图6-16　检测轴颈

②计算圆度和圆柱度：从测量的数据中找出所需要的值，算出该轴颈的圆度和圆柱度。参考维修手册，当圆度或圆柱度超过了标准值，则应维修或更换曲轴。

#### 5.曲轴的轴向间隙检测

把清洗干净的曲轴装入缸体上，按规定力矩固定，再用百分表接触曲轴的一个端面，然后前后推拉曲轴，测量轴向间隙，如图6-17所示。

图6-17　曲轴轴向间隙的检测

注意：曲轴的轴向间隙检测也可以用塞尺检测：把清洗干净的凸轮轴装入缸体上，

按规定力矩固定,使用起子撬动曲轴,用塞尺测量三号轴颈的间隙,塞尺的厚度即为曲轴的轴向间隙,如图 6-18 所示。

图 6-18　曲轴轴向间隙的检测

如果轴向间隙超过了极限值则需要更换垫片或者曲轴。

## 【任务实施】

| 任务名称 | | | |
|---|---|---|---|
| 班　级 | | 姓　名 | |
| 地　点 | | 日　期 | |
| 成　员 | | | |

# 一、任务准备

| 序号 | 配件名称 | 备　注 |
|---|---|---|
| 1 | 发动机拆装台架 | |
| 2 | 机械工具 | |
| 3 | 扭力扳手 | |
| 4 | 量具 | |
| 5 | 维修手册 | 发动机机械系统 |

## 二、过程记录

| 活动名称 | | 任务要点记录 | 使用资源记录 | 本人角色 |
|---|---|---|---|---|
| 曲轴的拆装与检修 | 曲轴的拆卸 | | | ☐安全员<br>☐操作员<br>☐记录员<br>☐观察员 |
| | 曲轴的安装 | | | ☐安全员<br>☐操作员<br>☐记录员<br>☐观察员 |
| | 曲轴弯曲度的检修 | | | ☐安全员<br>☐操作员<br>☐记录员<br>☐观察员 |
| | 曲轴扭曲度的检修 | | | ☐安全员<br>☐操作员<br>☐记录员<br>☐观察员 |
| | 曲轴磨损的检修 | | | ☐安全员<br>☐操作员<br>☐记录员<br>☐观察员 |
| | 曲轴轴向间隙的检修 | | | ☐安全员<br>☐操作员<br>☐记录员<br>☐观察员 |

## 【评价与考核】

**发动机曲轴的拆装与检修**

| 班　级 | | 选手姓名 | | 得　分 | |
|---|---|---|---|---|---|

# 一、检修内容

按维修规范要求完成：

◆发动机曲轴的拆卸、组装；

◆能够完成曲轴的磨损、扭曲、弯曲等不同项目的检修；

◆填写《发动机曲轴拆卸、检测和装配维修记录表》。

# 二、检修记录单

## 1.曲轴主轴颈直径

| 曲轴外观 | | | | | |
|---|---|---|---|---|---|
| _____号<br>主轴颈直径 | 横　向 | 纵　向 | 主轴颈直径 | 主轴颈标准直径 | 是否合格 |
| | | | | | |
| 维修意见 | | | | | |

## 2.曲轴连杆轴颈直径

| | 横　向 | 纵　向 | 圆　度 | 圆柱度 | 圆度标准值 | 圆柱度标准值 | 是否合格 |
|---|---|---|---|---|---|---|---|
| 1号连杆<br>轴颈 | | | | | | | |
| 2号连杆<br>轴颈 | | | | | | | |
| 3号连杆<br>轴颈 | | | | | | | |
| 4号连杆<br>轴颈 | | | | | | | |
| 维修意见 | | | | | | | |

3.曲轴扭曲检测

| | 一缸连杆轴颈高度 | 四缸连杆轴颈高度 | 扭曲度 | 扭曲度标准值 | 是否合格 |
|---|---|---|---|---|---|
| | | | | | |
| 维修意见 | | | | | |

4.曲轴弯曲检测

| | 曲轴弯曲值 | 曲轴弯曲标准值 | 是否合格 |
|---|---|---|---|
| | | | |
| 维修意见 | | | |

# 三、检修评分表

| 序号 | 作业项目 | 考核内容 | 评分标准 | 配分/分 | 扣分/分 |
|---|---|---|---|---|---|
| 1 | 作业安全职业操守 | 能进行工位 7S 操作 | □整理、整顿(2分)<br>□清理、清洁(1分)<br>□素养、节约(1分)<br>□安全(1分) | 5 | |
| | | 能进行设备和工具安全检查 | □检查作业所需要的工具设备是否完备(2分)<br>□检查作业环境是否配备灭火器(2分)<br>□检查设备用电情况是否正常(1分) | 5 | |
| | | 能进行工具清洁校准存放操作 | □使用工具前对工具量具进行校准(2分)<br>□使用工具后对工具量具进行清洁(2分)<br>□作业完成后对工具进行复位(1分) | 5 | |
| | | 查阅手册 | □正确查阅手册(5分) | 5 | |
| 2 | 拆卸曲轴 | 曲轴拆卸方法和工具的使用 | □检查轴承盖顺序、朝前标记(5分)<br>□用指针扭力扳手从中间到两边分次预松轴承盖螺栓(10分)<br>□按顺序拆下轴承盖并摆放整齐(3分)<br>□拆下轴瓦并摆放整齐(2分) | 20 | |

续表

| 序号 | 作业项目 | 考核内容 | 评分标准 | 配分/分 | 扣分/分 |
|---|---|---|---|---|---|
| 3 | 清洁及检查 | 曲轴清洁方法 | ☐清洁曲轴、轴承盖、轴瓦(5分)<br>☐检查轴承盖及螺纹是否损伤(3分)<br>☐检查轴瓦有无烧蚀损伤(2分)<br>☐检查曲轴外观(5分) | 15 | |
| 4 | 测量曲轴 | 曲轴测量方法 | ☐指定主轴颈的测量记录(5分)<br>☐指定连杆轴径的测量记录(5分)<br>☐曲轴弯曲的测量记录(10分)<br>☐曲轴轴向间隙的测量记录(5分) | 25 | |
| 5 | 安装曲轴 | 曲轴安装方法 | ☐正确安装轴瓦(5分)<br>☐正确安装轴承盖(5分)<br>☐从中间到两边安装轴承盖(5分)<br>☐在螺纹上、曲轴轴径、轴承座、轴瓦涂机油(2分)<br>☐正确选择扭力(3分) | 20 | |
| | | | 合计 | 100 | |

## 【实训报告单】

| 实训报告单 | | | | |
|---|---|---|---|---|
| 科　目 | | 班　级 | | 学生姓名 |
| 实训项目 | | | | |
| 实训任务 | | | | |
| 实训器材 | | | | |
| 实训内容 | | | | |
| 体会或建议 | | | | |
| 实训结果 | 自评_____　　互评_____　　师评_____ | | | |

指导教师_____　　　　　　　时间_____

## 【作业】

### 一、填空题

1.曲柄连杆机构由_____、_____和_____三部分组成。

2.曲轴常见的损伤形式有_____、_____,严重时会出现裂纹,甚至断裂。

3.安装曲轴轴承盖时先用_____拧紧螺栓,再用_____拧紧。

4.安装曲轴时,注意轴承盖的方向,不同位置的轴承盖_____交换。

5.拧紧轴承盖螺栓时应从_____拧紧,最后用_____拧紧到规定扭力值。

### 二、选择题

1.检查曲轴弯曲变形时用到工具是(　　)。

A.游标卡尺　　　　B.高度尺　　　　　C.千分尺　　　　　D.百分表和磁力表坐

2.安装曲轴止推垫片时,止推偏上的游槽一面应该朝向(　　)。

A.槽向轴承座内　　　　　　B.向轴承座外

C.一个向内一个向外　　　　D.都可以

3.安装轴承座时安装标记应槽向(　　)。

A.朝向发动机前端　　　　　B.朝向飞轮

C.朝向两端

4.曲轴弯曲的检测用到的工具是(　　)。

A.高度游标卡尺　　B.直尺　　　　　C.游标卡尺　　　　D.量缸表

5.四缸发动机有(　　)连杆轴颈。

A.3个　　　　　　B.4个　　　　　　C.5个　　　　　　D.6个

### 三、思维拓展

1.曲轴有哪些结构及作用?

2.按照曲轴主轴颈数,曲轴分为哪两种?